Jörg Roche (Hg.)
Elisabetta Terrasi-Haufe (Hg.)
Jörg Roche
Elisabetta Terrasi-Haufe
Martina Hoffmann
Oliver Leuchte
Andrea Neulinger

33 Methoden: DaZ in der Sekundarstufe

fundiert – praktisch – kompakt

Quellenverzeichnis:
S. 55: Lernplakat © Martina Hoffmann
S. 57: Umweltverschmutzung © sablin / Fotolia
S. 57: Altbatterien © mitifoto / Fotolia
S. 57: Reisanbau © Siegfried Schnepf / Fotolia
S. 57: Stau Autobahn © Jürgen Fälchle / Fotolia

Gedruckt auf umweltbewusst gefertigtem, chlorfrei gebleichtem
und alterungsbeständigem Papier.

1. Auflage 2017
© 2017 Auer Verlag, Augsburg
AAP Lehrerfachverlage GmbH
Alle Rechte vorbehalten.

Das Werk als Ganzes sowie in seinen Teilen unterliegt dem deutschen Urheberrecht. Der Erwerber des Werks ist berechtigt, das Werk als Ganzes oder in seinen Teilen für den eigenen Gebrauch und den Einsatz im Unterricht zu nutzen. Die Nutzung ist nur für den genannten Zweck gestattet, nicht jedoch für einen weiteren kommerziellen Gebrauch, für die Weiterleitung an Dritte oder für die Veröffentlichung im Internet oder in Intranets. Eine über den genannten Zweck hinausgehende Nutzung bedarf in jedem Fall der vorherigen schriftlichen Zustimmung des Verlags.

Sind Internetadressen in diesem Werk angegeben, wurden diese vom Verlag sorgfältig geprüft. Da wir auf die externen Seiten weder inhaltliche noch gestalterische Einflussmöglichkeiten haben, können wir nicht garantieren, dass die Inhalte zu einem späteren Zeitpunkt noch dieselben sind wie zum Zeitpunkt der Drucklegung. Der Auer Verlag übernimmt deshalb keine Gewähr für die Aktualität und den Inhalt dieser Internetseiten oder solcher, die mit ihnen verlinkt sind, und schließt jegliche Haftung aus.

Covergestaltung: annette forsch konzeption und design, Berlin
Umschlagfoto: Shutterstock: Foto 307869845, Fotograf Stillfx
Illustrationen: Steffen Jähde, Trantow Atelier, Bettina Weller, Bettina Weyland
Satz: fotosatz griesheim GmbH
Druck und Bindung: Korrekt Nyomdaipari Kft
ISBN 978-3-403-07461-8
www.auer-verlag.de

Inhalt

Einleitung 4

1 Orientieren und informieren
1.1 Placemat 7
1.2 Scaffolding 9
1.3 Kartenabfrage 11
1.4 Textoptimierungsmethode (TOP-Methode) 13
1.5 Rallye 16
1.6 Buchstabensuppe 18
1.7 Teekesselchen 20
1.8 Von A bis Z 22

2 Planen und analysieren
2.1 Lerntempoduett 24
2.2 Drehscheibe / Linking words 26
2.3 Experteninterview 28
2.4 Beobachtungsbogen 30
2.5 Satzanfangswürfel 32
2.6 Mathebriefe 34
2.7 Verkehrte Welt 36
2.8 Fünf-Schritt-Lesemethode 38

3 Durchführen
3.1 Standbild 40
3.2 Abrakadabra 42
3.3 Vermessung der Welt 45
3.4 Zahlenlotto 46
3.5 Wer bin ich? 48
3.6 Fotoreportage 50
3.7 Meine Sprachlernmappe 52

4 Präsentieren
4.1 Lernplakat 54
4.2 Pecha Kucha 56
4.3 Bilderrallye 58
4.4 Radiobeitrag 60

5 Bewerten und reflektieren
5.1 Positionslinie 62
5.2 Streitlinie 64
5.3 Baumeister 66
5.4 Lerntagebuch 68
5.5 Hör gut zu! 69
5.6 Fünf-Finger-Reflexion 71

Einleitung

Vorbemerkung

Methoden sind Wege planvollen Handelns zur Erreichung von Zielen. Im Kontext von **Deutschunterricht** sollen sie Lehrern[1] die Möglichkeit bieten, eine handlungsorientierte Lernumgebung zu schaffen, in der Schüler lernen können, in verschiedenen Situationen angemessen zu kommunizieren sowie unterschiedliche Texte zu verstehen und adressatengerecht zu verfassen. Im **Mathematikunterricht** dienen sie der Lösung von numerischen und räumlichen Problemstellungen, deren Bewältigung ebenfalls über sprachliche Wege verläuft: Eine zentrale Rolle spielt Sprache hierbei bereits beim Verstehen von Arbeitsaufträgen und Aufgabenstellungen, die oft bildungssprachliche Ausdrücke enthalten. Dies gilt auch für die Entwicklung der Vorstellung von Mengen, Größen und Formen und in der Anleitung von mathematischen Denkprozessen. Auch das Problemlösen und Modellieren gründen auf kommunikativen Kompetenzen, die vom Benennen bis hin zum Argumentieren reichen.

In den **sozial- und naturwissenschaftlichen Fächern** (Geschichte, Erdkunde, Politik/Sozialkunde, Religion, Ethik, Biologie, Physik und Chemie) dienen Methoden der Abbildung von Sachverhalten und der Lösung von kausalen Problemstellungen, deren Bewältigung sowohl über das Sammeln von Erfahrungswerten mittels aller Sinneskanäle als auch über sprachliche Wege verläuft. Eine zentrale Rolle spielt Sprache dabei sowohl bei der Benennung von Gegenständen und Lebewesen als auch bei der Darstellung von Situationen und Prozessen sowie bei der Erklärung von Zusammenhängen.

In unseren von den Medien bestimmten Sprachkulturen lässt sich beobachten, dass die angemessene Anwendung von Sprache in Alltag, Schule und Beruf stark nachlässt. Das gilt leider auch für sogenannte „Muttersprachler" des Deutschen und oft auch für Erwachsene. Umso wichtiger ist es, mit interessanten und effektiven Methoden für Sprache zu sensibilisieren und die Sprachbewusstheit unserer jungen Generation zu fördern. Auf diesem Weg, der für unsere Gesellschaft ebenso wichtig ist wie für individuelle Lebenskarrieren, wollen die vorliegenden Materialien und methodischen Hinweise leicht umsetzbare und effiziente Hilfen für Lehrer anbieten.

Die Auseinandersetzung mit unterschiedlichen Methoden fördert die Entwicklung sprachlicher und fachlicher Kompetenzen und erweitert die sozialen und individuellen Kompetenzen. Sowohl für Schüler mit Deutsch als Muttersprache (DaM) als auch für solche mit Deutsch als Zweitsprache (DaZ) sind eine gut ausgebildete Lernerautonomie sowie gute Selbst- und Sozialkompetenzen wichtige Grundlagen für das Einfinden in neue Fachgebiete, das Aufarbeiten fremder Unterrichtsinhalte und das Knüpfen von Kontakten im Klassenverband, in der Schule und auch im außerschulischen Umfeld. Also gilt es, je nach Themen und Interessen der Schüler und nach den Möglichkeiten und Erfordernissen des Unterrichts, möglichst viele Methoden auszuprobieren und unter Umständen auch anzupassen.

---

1 Aufgrund der besseren Lesbarkeit ist in diesem Buch mit Lehrer auch immer Lehrerin gemeint, ebenso verhält es sich mit Schüler und Schülerin etc.

Zum Aufbau

Die vorliegenden Methoden eignen sich zum Einsatz in den verschiedenen Phasen handlungsorientierten Unterrichts, wie sie inzwischen auch in vielen Lehrplänen dargestellt werden. Im Vordergrund stehen dabei die Aktivierung der Schüler und das selbstbestimmte, selbstverantwortliche Lernen. Der Unterricht wird durch inhaltlich relevante Aufgaben gesteuert, deren Lösung schrittweise geplant, vollzogen und bewertet wird. Zu beachten ist, dass die fünf Unterrichtsphasen, die dafür bereitstehen, sich nicht auf einzelne Unterrichtseinheiten beziehen, sondern auf thematisch ausgerichtete Unterrichtssequenzen, die mehrere Stunden umfassen können.

Die einzelnen Phasen, nach denen die Darstellung der 33 Methoden in diesem Band gegliedert ist, sind:

- **Orientieren und informieren**
- **Planen und analysieren**
- **Durchführen**
- **Präsentieren**
- **Bewerten und reflektieren**

Die gewählten Themen und hervorgehobenen Anwendungsbereiche ergeben sich nicht zuletzt aus den jeweiligen Lehrplänen und einschlägigen Unterrichtsempfehlungen. Die Aufgabenbeispiele entstammen unterschiedlichen Fächern, dienen der Veranschaulichung der Methode und sind leicht abstrahierbar.

Die Themen und Anwendungsbereiche reflektieren grundlegende organisatorische und kommunikative Schlüsselkompetenzen, die Schüler heute brauchen, um in Schule, Ausbildung und Beruf erfolgreich sein zu können. Sprachliches Handeln erfordert sprachliche Funktionen (Sprechakte und Basisqualifikationen), die für den Bildungserfolg grundlegend sind, z.B. beschreiben, Instruktionen geben, Prozessabläufe darstellen, Positionen begründen, abwägen/reflektieren). Daneben wird veranschaulicht, wie eine gezielte Förderung des Hör- und Leseverstehens, des Sprechens und Schreibens erfolgen kann. Dies umfasst neben Methoden zur Aktivierung von fachlichem Wissen auch solche zum Verständnis fachspezifischer Aufgabenstellungen, deren planvoller Lösung und Dokumentation sowie Methoden zu Überarbeitungs-, Korrektur- und Feedbackverfahren. Letztere werden in Kontexte eingebettet, in denen sprachliche Genauigkeit für Schüler besonders wichtig ist. Das trifft vor allem dann zu, wenn die Schüler die Ergebnisse ihrer Arbeit präsentieren sollen. Dazu benötigen sie allerdings komplexere sprachliche Kompetenzen, darunter auch bildungssprachliche. Diese sind dementsprechend im Unterricht zu berücksichtigen.

Einleitung

Bei der Vermittlung sprachlicher Fertigkeiten ist immer darauf zu achten, dass nicht die Formaspekte in den Vordergrund der Methoden rücken, auch wenn die Form gerade im Bereich der Bildungssprache eine enorm wichtige Rolle spielt.
Immer wieder zeigt sich jedoch, dass eine primäre Orientierung auf die Form in der Sprachvermittlung genau gegenteilige Effekte erzielt. Dagegen erzielen sinnvolle kommunikative Aufgaben, und darunter gerade auch sinnvolle spielerische, die besten Ergebnisse in Bezug auf sprachliche Formkorrektheit. Abgesehen davon motivieren sie die Schüler zum Weiterlernen und Ausprobieren. Außerdem stellen sie eine viel geringere Belastung dar. Deshalb sollten die hier präsentierten Methoden am besten in Aufgaben eingebettet sein, deren Zielsetzung und Sinn von den Schülern durchschaut und akzeptiert werden können. Viele der hier versammelten Methoden sind Spiele. Spiele sind sinnvolle Handlungen, wenn die Spieler die Ziele einsehen und teilen. Dies sollte man bei Spielen immer beachten, um die gewünschte Nachhaltigkeit zu erzielen. So kann Unterricht Spaß machen.

Die hier vorgestellten Methoden eignen sich grundsätzlich zur Anwendung in allen Bereichen, d.h., sie können sowohl integrativ im Regelunterricht als auch im Förderunterricht eingesetzt werden. Zudem sind die Methoden im Unterricht erprobt worden und haben sich bewährt. Neben Methoden zur Informationsbeschaffung sowie zur Arbeitsteilung und -planung in kollaborativen Lernarrangements werden hier auch Aspekte der Unterrichtsorganisation präsentiert, die durch die Bildung heterogener Lerngruppen die Umsetzung der Prinzipien „Lernen durch Differenz" und „Lernen durch Lehren" zum Ziel haben. Zu den einzelnen Methoden wird jeweils ein Hinweis zur Einsetzbarkeit in verschiedenen Klassenstufen gegeben. Genauso enthält dieser Band Hinweise zur Kombinierbarkeit unterschiedlicher Methoden.

Legende der Anwendungs-/Förderbereiche:

BK = Bildungssprachliche Kompetenzen
SG = Sprachliche Genauigkeit
MR = Mehrsprachige Ressourcen
L & A = Lernstrategien und Arbeitstechniken
S & K = Sprach- und Kulturerwerb

Legende der Symbole:

 = Kompetenzen, Lernziel

 = Dauer

 = Material

1.1 Placemat

L & A / SG

Mithilfe der Placemat-Methode aktivieren Schüler ihr Vorwissen und halten es schriftlich fest. Dabei ist wichtig, dass sie ihre Aussagen klar formulieren. Die Methode fordert sowohl Einzel- als auch Gruppenergebnisse, was den DaZ-Schülern zusätzliche Sicherheit gibt. Die abschließende Einigungsphase fördert soziale sowie sprachlich-kommunikative Kompetenzen.

 Vorwissen aktivieren, austauschen und gemeinsame Ergebnisse formulieren

 15 – 20 Minuten

 pro Gruppe: 1 Placemat-Vorlage, 1 Aufgabenstellung

Durchführung:

- Es werden Dreier- oder Vierergruppen gebildet.
- Jede Gruppe erhält eine Placemat-Vorlage und dieselbe Aufgabenstellung.
- Einzel-/Stillarbeitsphase: Jeder notiert sein Vorwissen zum Thema in das ihm zugeordnete Arbeitsfeld innerhalb der Placemat-Vorlage.
- Anschließend wird die Placemat-Vorlage im Uhrzeigersinn gedreht.
  Die Schüler lesen die Notizen ihrer Mitschüler.
- Diskussion und Einigung: Die Gruppe tauscht sich über die Notizen aus.
  Die Schüler besprechen ihre Ideen, einigen sich gemeinsam auf die zentralen Aspekte und tragen diese in das Gruppenfeld in der Mitte der Placemat-Vorlage ein.
- Präsentation und Bewertung: Die Gruppen präsentieren und bewerten gegenseitig ihre Ergebnisse.

Aufgabenbeispiele:

- „Beratungsgespräch – was gilt es zu beachten?"
- „Tipps für eine gelungene Präsentation"
- „Für eine nachvollziehbare Vorgangsbeschreibung ist es wichtig, dass …"
- „Ich will den Ausbildungsplatz! Was muss ich bei einer überzeugenden Bewerbung beachten?"

Hinweise / Stolperstellen:

- Beschränken Sie die Gruppengröße auf drei bis vier Mitglieder. Je größer die Gruppe, desto höher der Zeitaufwand. Außerdem sollte gewährleistet sein, dass jeder Schüler sein eigenes Arbeitsfeld innerhalb der Placemat-Vorlage hat.
- Wichtig ist, dass alle Schüler die ersten zwei Phasen (Vorwissen notieren und Ideen der Mitschüler lesen) parallel durchführen, sonst kommt es zu Leerläufen und unproduktiven Warteschleifen.

Variation:

- Die Placemat-Vorlage kann vorstrukturiert und jedes Feld anhand einer zentralen Frage konkretisiert werden. Dies dient einerseits der Orientierung und andererseits der Präzisierung der Aufgabe.
- Mithilfe von Bildern erleichtern Sie die Aktivierung des Vorwissens für die Placemat-Methode.
- Bei manchen Aufgabenstellungen ist es sinnvoll, wenn die Teammitglieder während der Austauschphase Notizen in die Felder der Mitschüler schreiben. Damit die hinzugefügten Kommentierungen, Ergänzungen oder Fragen optisch erkennbar sind, werden diese in unterschiedlichen Farben notiert.
- Die Methode Vierer-Skript ist der Placemat-Methode sehr ähnlich. Der Unterschied besteht darin, dass die Placemat-Methode primär zur Aktivierung des Vorwissens angewendet wird. Das Vierer-Skript dient dazu, die Resultate einer Gruppenarbeit zu gliedern und zu präsentieren. Die Ergebnisse werden dazu in Stichpunkten auf einem Plakat, das vier Felder aufweist, festgehalten. In jedem Feld wird ein Teilaspekt behandelt oder alternativ das Ergebnis _einer_ Gruppe festgehalten. In einen Kreis in der Mitte des Plakates kann eine Überschrift oder die Übereinstimmung zwischen den Gruppenergebnissen eingetragen werden.

Beispiel für Kopiervorlage:

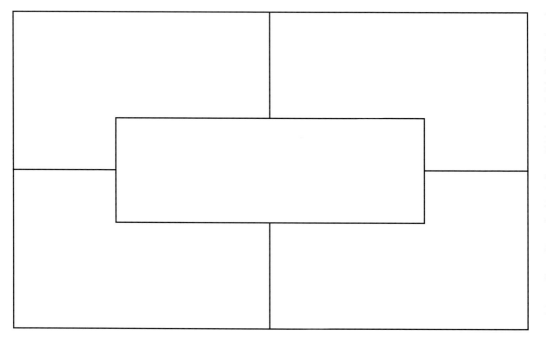

1.2 Scaffolding

SG / BK / MR / S & K / L & A

Der englische Begriff „Scaffolding" bedeutet „Baugerüst". Bei dieser Methode werden Schülern sprachliche Impulse, Denkanstöße, Anleitungen oder Materialien angeboten, damit sie Aufgaben mithilfe eines „sprachlichen Gerüsts" selbstständig lösen. Diese Hilfestellungen werden nach und nach reduziert, sodass die DaZ-Schüler ihr Sprachvermögen sukzessiv ausbauen können.

 Sprachhemmungen abbauen; Sprachsensibilität und -bewusstheit fördern; Verwendung von Fachwortschatz forcieren

 individuell

 individuelle Materialien, die der Lehrer bereitstellt

Durchführung:
- Scaffolding bietet u. a. die Möglichkeit, für Fachsprache zu sensibilisieren, indem der Lehrer durch Wiederaufnahme der Schüleraussage und zielgerichtetes Nachfragen zur Fachsprache hinleitet.

Aufgabenbeispiele:
- Nachfolgend finden Sie ein Lehrer-Schüler-Gespräch zum Thema „Steigungen von Graphen". Hier wird der Scaffolding-Ansatz im Bereich der Fachsprache im Mathematikunterricht verwirklicht, indem die Lehrerin an die sprachlichen Ressourcen der Schülerin anknüpft.

Sina (*betrachtete einen fallenden linearen Funktionsgraphen*): „Das ist auch linear, das geht zwar runter, aber auch immer so." (*zeigt mit der Hand die gleichbleibende negative Steigung*)

Lehrerin: „Du meinst also, die Gerade fällt zwar, aber immer auf dieselbe Weise? Dann sagt man, die Funktion hat immer die gleiche negative Steigung."

Sina: „Aber die steigt ja nicht, sondern fällt!"

Lehrerin: „Stimmt, das müssen wir uns noch mal ansehen, wieso man in der Mathematik trotzdem von Steigung redet. Halten wir erst mal fest, sie fällt immer gleichmäßig, deswegen ist sie linear."

- Es gibt verschiedene Umsetzungsmöglichkeiten im Rahmen des Scaffoldings: Wechsel verschiedener Darstellungsformen, zum Beispiel Fließtext, Diagramme, Bilder, Formeln, Modelle, Stichpunkte, Symbole, Grafiken, Plakate, Comics etc.
- Komplexe Aufgaben können in Teilaufgaben untergliedert werden.
Dies ergibt insbesondere im Mathematikunterricht Sinn, beispielsweise beim Lösen von Integralen oder komplexen Gleichungen.

Hinweise / Stolperstellen:

- Im Rahmen der Methode des Scaffoldings gilt, dass die Lerner so wenig sprachliche Hilfe wie möglich erhalten, aber so viel, wie individuell zum erfolgreichen Bewältigen der Aufgaben nötig ist. Das Gerüst soll nur vorübergehend als Hilfestellung verwendet werden.
- Grundvoraussetzung für die erfolgreiche Etablierung der Scaffolding-Methode innerhalb eines Klassenverbandes ist eine positive Fehlerkultur. Das Bewusstsein, dass ein Fehler ein Helfer ist und kein Grund zu Frustration oder Resignation, wird durch die Hilfestellungen gefördert und erlernt.
- Leistungsstarke Schüler sollte man bewusst als „sprachliche Hilfsgerüstbauer" einbinden.

1.3 Kartenabfrage   L & A / SG

> Die Kartenabfrage dient der Aktivierung des Vorwissens. Das Notieren und thematische Gliedern von Ideen, Begriffen, Informationen und Vorschlägen zu einem Thema fördert die konzeptuelle und metasprachliche Entwicklung der DaZ-Schüler.

 möglichst viele Impulse zu einem vorgegebenen Thema sammeln und clustern

 10–15 Minuten

 pro Schüler: ca. 10 Karteikarten, ggf. Fotoapparat / Smartphone

Durchführung:

- Impuls: Der Lehrer gibt ein Szenario, eine Frage, ein Problem oder ein Thema vor.
- Karten beschriften: Die Schüler notieren Ideen, (Fach-)Begriffe, Vorschläge zum Thema möglichst präzise auf den Karteikarten. Jede Karte soll nur einen inhaltlichen Kernpunkt enthalten.
- Karten clustern: Alle Ideen werden zunächst unsortiert an die Tafel geheftet. Die Strukturlegung der Karteikarten erfolgt im Klassenplenum. Karten gleicher Kategorien werden untereinander aufgereiht. Somit entsteht je Kategorie eine eigene Spalte.
- Oberbegriffe formulieren: Gemeinsam werden je nach Thema Oberbegriffe, Überschriften oder Leitfragen für die einzelnen Kategorien gesammelt und an der Tafel festgehalten. Dieses Cluster kann abfotografiert werden und als Grundlage oder inhaltliche Checkliste sowie aufbauend für die weitere Unterrichtsgestaltung dienen.

Aufgabenbeispiele:

- Beispiel für einen sprachlichen Impuls, den der Lehrer durch einen aussagekräftigen Bildimpuls ergänzt oder auch ersetzt: „Das Drama – eine von drei literarischen Gattungen"
- Beispiele für ein vorgegebenes Thema: „Europäische Union", „Weltreligionen" oder „Klimawandel"

Im Folgenden finden Sie eine Karikatur als Impuls zum Thema „Rettungsschirm":

Rettungsschirm

Hinweise / Stolperstellen:

- Die Kartenabfrage kann sowohl zu Beginn einer größeren Unterrichtssequenz als auch einer Einzelstunde durchgeführt werden.
- Der Lehrer sollte alle Schülerbeiträge unkommentiert übernehmen, damit nicht der Eindruck entsteht, als würde er auf eine bestimmte Schülerantwort warten.
- Es ist sinnvoll, die Anzahl der Karten pro Schüler zu beschränken, um während der Gliederungsphase nicht zu viel Zeit zu verlieren.
- Nicht immer ist es einfach, Ideen präzise zu formulieren. Thematisieren Sie dies im Plenum. Abhilfe schafft ein Informationsblatt oder das gemeinsame Sammeln von Optimierungsvorschlägen.

Variation:

- Falls ein Themenbereich aus mehreren konkreten Gliederungspunkten besteht, kann es Sinn machen, den Ablauf der Methode zu variieren. In diesem Fall werden zum Beispiel drei Leitfragen vorgegeben. Jeder Schüler soll dann eine Idee zu jeder Frage notieren.
- Die Themenschwerpunkte, die sich durch die Kartenabfrage ergeben, können die Grundlage einer größeren Unterrichtseinheit sein. So werden die Einfälle der Schüler wertgeschätzt und weiter verwendet.

Orientieren und informieren

1.4 Textoptimierungsmethode (TOP-Methode) | SG / BK / L & A / S & K

Textoptimierte (Fach-)Texte fördern das Verstehen von anspruchsvollen (Fach-)Texten. Erstellen die Schüler selbst einen textoptimierten (Fach-)Text, so beschäftigten sie sich eingehend mit (Fach-)Sprache und Textkohärenz. Textoptimierte (Fach-)Texte helfen aufgrund der visuellen und inhaltlichen Aufbereitung insbesondere DaZ-Schülern, anspruchsvolle (Fach-)Texte leichter zu verstehen.

 (Fach-)Texte besser verstehen

 30 Minuten

 pro Schüler: 1 (Fach-)Text und ggf. 1 Informationsblatt mit Tipps zur sprachsensiblen Bearbeitung eines (Fach-)Textes

Durchführung:

Die Textoptimierungsmethode kann entweder vom Lehrer selbst (a) im Rahmen der didaktischen Reduktion vorgenommen werden oder der (Fach-)Text wird im Unterricht von den Schülern (b) bearbeitet.

a) Der Lehrer bereitet den (Fach-)Text entsprechend den Ideen der TOP-Methode vor:
- Er fügt Überschriften und Absätze ein.
- Er setzt Farben nach einem bestimmten System ein, z. B. Definitionen in Grün, Fachwörter in Lila etc.
- Er beachtet die logische Reihenfolge des Textes.
- Aufzählungen werden optisch durch Spiegelstriche oder Nummerierungen dargestellt.
- Der Text besteht aus kurzen Hauptsätzen mit einer Information pro Satz.

b) Die Schüler beschäftigen sich gruppenweise mit einem (Fach-)Text und bearbeiten diesen entsprechend der Vorgaben der Textoptimierungsmethode.
- Alle lesen den (Fach-)Text.
- Die Schüler besprechen Unklarheiten im Team.
- Im Klassenplenum werden erste Ideen gesammelt, wie man den (Fach-)Text aufbereiten könnte.
- Die einzelnen Arbeitsgruppen erstellen mithilfe eines Informationsblattes zu den Regeln der TOP-Methode einen textoptimierten (Fach-)Text.
- Die individuell gestalteten (Fach-)Texte der einzelnen Gruppen werden im Klassenverband präsentiert und gegebenenfalls innerhalb einer Redaktionsphase optimiert.
- Die Schüler bewerten die erprobte Methode.

Aufgabenbeispiele:

- Die Schüler wählen einen Text aus einem Schulbuch (z. B. Physik, Biologie, Erdkunde, Geschichte etc.) und erarbeiten daraus einen textoptimierten Fachtext.
- Nachfolgend ein Beispiel aus dem Fach Biologie zum Thema „Fotosynthese": Zuerst ein mit Fachbegriffen gespickter Fachtext und anschließend der textoptimierte Fachtext.

Fachtext

Unter **Fotosynthese** (altgriechisch φῶς phōs „Licht" und σύνθεσις sýnthesis „Zusammensetzung") versteht man den Prozess der Umwandlung von Wasser und Kohlenstoffdioxid in Glykose und Sauerstoff unter dem Einfluss von Strahlungsenergie und mithilfe von Chlorophyll. Dieser Vorgang vollzieht sich in den Chloroplasten und ist ein grundlegender Prozess der Stoff- und Energieumwandlung.

Die Formel hierfür lautet: $6\ H_2O + 6\ CO_2 \xrightarrow{Licht} C_6H_{12}O_6 + 6\ O_2$

Textoptimierter Fachtext

Die Fotosynthese: ein Prozess der Stoff- und Energieumwandlung

1. <u>Was bedeutet das Wort „Fotosynthese"?</u>
   Das Wort stammt aus dem Altgriechischen: Licht + Zusammensetzung.

2. <u>Was passiert während der Fotosynthese?</u>

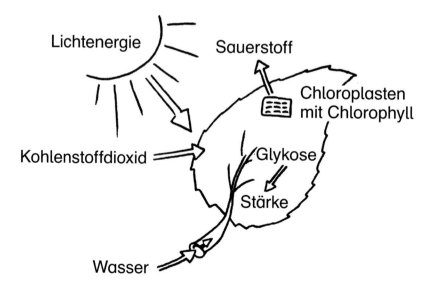

a) Die Pflanze nimmt Wasser (H_2O) durch den Boden und Kohlenstoffdioxid (CO_2) durch die Luft auf.
b) Es findet eine chemische Reaktion in den Chloroplasten statt, die Chlorophyll (= Blattgrün) enthalten.
Chloroplasten = Ort der Fotosynthese
c) Aus Wasser (H_2O) und Kohlenstoffdioxid (CO_2) werden mithilfe von Sonneneinstrahlung Glykose ($C_6H_{12}O_6$) und Sauerstoff (O_2) gebildet.

Die Formel hierfür lautet: $6\ H_2O + 6\ CO_2 \xrightarrow{\text{Licht}} C_6H_{12}O_6 + 6\ O_2$

Die Pflanze gibt Glykose und Sauerstoff an die Umwelt ab.

Hinweise / Stolperstellen:

- Die TOP-Methode liefert individuelle Schülerlösungen, deshalb ist es wichtig, Feedback zur fachlichen Korrektheit und vor allem Vollständigkeit der textoptimierten Fachtexte zu geben.
- Diese Methode lässt sich gut mit dem Bereich „Lernen lernen" verbinden.

Variation:

- Neben Bildern kann ein TOP-Fachtext beispielsweise durch ein thematisch passendes YouTube®-Video ergänzt werden. Mithilfe eines generierten QR-Codes®, der jederzeit abrufbar ist, wird der Lerninhalt medial unterstützt.

Orientieren und informieren

1.5 Rallye

SG / S & K

Durch die Erkundung des näheren Umfeldes lernen neue Schüler, sich zu orientieren. Hierfür müssen sie sich mit unterschiedlichen Informationsquellen auseinandersetzen und die jeweiligen Gegebenheiten berücksichtigen. Um erfolgreich zu sein, müssen sie sich untereinander austauschen.

 Fachräume kennenlernen; fachsprachliches Vokabular erwerben; „Expertenbefragung" durchführen

 90 Minuten

 pro Gruppe: 1 Erkundungsbogen, 1 Plakat

Durchführung:

- Die Schüler werden in Gruppen eingeteilt. Jede Gruppe erhält einen Erkundungsbogen, der als Leitfaden für die Rallye dient. Die Rallye führt sie zu einem Ort.
- Die Schüler verteilen die Aufgaben innerhalb der Gruppe selbstständig (Schreiber, Präsentator, …).
- Der Erkundungsbogen wird bearbeitet und die Schüler notieren die Fachbegriffe zu den einzelnen Orten.
- Die Schüler befragen „Experten" zu den Tätigkeiten, die an den verschiedenen Orten ausgeführt werden, und notieren wichtige Begriffe.
- Nach Abschluss der Erkundung fertigt jede Gruppe ein Plakat an, auf dem der jeweilige Ort dargestellt ist, wichtige Gegenstände eingezeichnet und beschriftet sind sowie Tätigkeiten, die dort ausgeführt werden, in einer Wörterliste zusammengestellt sind.
- Die unbekannten Wörter können auch in der individuellen Wörterliste eines jeden Schülers eingetragen werden.
- Abschließend präsentieren die einzelnen Gruppen ihre Plakate und stellen die unterschiedlichen erkundeten Räume vor.

Aufgabenbeispiele:

- Die Schüler sollen die Fachräume einer Sekundarschule kennenlernen sowie die Fachlehrer, die dort unterrichten. Im Anschluss kann ein Vergleich zwischen den Fachräumen im Schulsystem anderer Länder hergestellt werden.

- Ebenso kann ein nahegelegener Supermarkt erkundet werden. Schwerpunkte können hier das Kennenlernen des Warensortiments sein, die Unterscheidung zwischen Food- und Non-Food-Produkten sowie die Erkundung des Tätigkeitsbereiches eines Einzelhandelskaufmanns.
- Auch die Umgebung eines Stadtteils oder einer größeren Gemeinde kann nach dieser Methode untersucht werden. Schwerpunkte können hier Institutionen oder soziale Einrichtungen (Ämter, Schulen, Kitas, …) sein.

Hinweise / Stolperstellen:

- Jede Gruppe kann alle Fachräume besuchen und erkunden. Alternativ können die Gruppenarbeiten auch arbeitsteilig ausgeführt werden.
- Interviews mit „Experten" zu führen, ist eine bewährte Methode im berufsvorbereitenden Unterricht.
- Arbeitsweisen zur Befragung von Personen und Ergebnispräsentation müssen den Schülern zumindest in Grundzügen bekannt sein.

Variation:

- Mit versierten Schülern kann man auch eine Rallye im Gelände unternehmen, bei der die Schüler verschiedene Geo-Punkte ansteuern und dort Fragen beantworten müssen.
- Eine Rallye im Rahmen einer Schnitzeljagd mit Fragen, jedoch ohne Interviewpartner stellt eine Variation dar, ist aber eher für Schüler geeignet, die ein höheres Sprachniveau haben, da sie eine größere Selbstständigkeit erfordert.

Beispiel für Kopiervorlage:

Erkundungsbogen
- Sucht den Werkraum. Wo könnt ihr Tipps dazu finden (Tipp: Lageplan in der Aula)?
- Wie ist die Zimmernummer?
- Wo findet ihr den Werkraum im Schulgebäude?
- Wie heißt der Lehrer, der dort arbeitet?
- Welche Geräte findet ihr dort? Zeichnet diese Geräte in euren Bogen ein und beschriftet sie.
- Welche Arbeiten könnt ihr mit den Geräten ausführen? Schreibt die Tätigkeiten auf und formuliert jeweils einen Beispielsatz.

1.6 Buchstabensuppe

BK / SG / L & A / S & K

> Im Team wird ein gesuchtes Wort oder ein Satz schnellstmöglich richtig zusammengelegt. Neben Teamarbeit und Absprache entwickeln DaZ-Schüler mit dieser Methode Strategien, um grammatikalische und orthografische Fehler in Prüfungssituationen zu reduzieren.

 Wörter und Sätze richtig legen; Groß- und Kleinschreibung unterscheiden; Entscheidungen im Team treffen; Lösungen unter Zeitdruck finden

 20–90 Minuten

 pro Gruppe: 1 Buchstabensuppe (je 4 Buchstabensätze von A–Z in Groß- und Kleinbuchstaben, 4 Sätze mit Satz- und Sonderzeichen)

Durchführung:

- Die Klasse wird in Gruppen (maximal fünf Schüler) aufgeteilt. Jede Gruppe erhält einen Umschlag mit ihrer Buchstabensuppe.
- Der Lehrer spricht ein Wort oder einen Satz laut vor.
- Die Teams versuchen, gemeinsam so schnell wie möglich das Gesuchte mit ihrem Buchstabensätzen richtig zu legen.
- Ist eine Gruppe fertig, ruft sie „Bingo".
- Die anderen Gruppen versuchen weiter, die richtige Lösung zu finden.
- Der Lehrer notiert die „Bingo"-Rufe chronologisch.
- Die Gruppe, die das gesuchte Wort / den gesuchten Satz als Erstes richtig gelegt hat, bekommt einen Punkt.
- Ruft eine Gruppe „Bingo" und präsentiert eine falsche Lösung, kann sie in der aktuellen Runde keinen Punkt mehr bekommen.
- Spicken in den Unterlagen, im Buch oder bei den Nachbargruppen hat Punktabzug zur Folge.
- Ein Schüler präsentiert die korrekte Lösung.
- Der Vorgang wird beliebig häufig mit neuen Wörtern / Sätzen wiederholt.
- Gewonnen hat das Team mit den meisten Punkten.

Aufgabenbeispiele:

- Hauptstädte: „Gesucht wird die Hauptstadt von Deutschland." – Nun sollen die Schüler das Wort >Berlin< richtig mit Groß- und Kleinbuchstaben legen. Die erste Gruppe mit der korrekten Lösung erhält den Punkt.
- Verbkonjugation: „Gesucht wird die Grundform (Infinitiv) von >ihr redet<." – Die richtige Antwort lautet >reden<.

- Verbkonjugation: „Gesucht wird das Partizip von >reden<." – Die richtige Antwort lautet >geredet<.
- Rechtschreibung: „Wie schreibt man Baden-Württemberg?" – Die Schwierigkeit liegt hier neben der Groß-und Kleinschreibung bei dem Bindestrich.
- „Was hast du vor?"– Die Schüler dürfen die Frage selbst beantworten, z. B. „Morgen gehe ich ins Kino und schaue einen Film an." Ist die Antwort grammatikalisch richtig, bekommen die Schüler einen Extrapunkt, sofern sie ihre Antwort auch richtig legen.

Hinweise / Stolperstellen:
- Erstellen Sie die „Buchstabensuppen" idealerweise für jede Gruppe in einer anderen Farbe und laminieren Sie sie.
- Das Ausschneiden der einzelnen Buchstaben bereitet viel Arbeit. Lassen Sie daher die Schüler daran mitwirken. Schüler gehen erfahrungsgemäß vorsichtiger mit selbst ausgeschnittenen Buchstaben um.
- Verwenden Sie bei den Buchstaben keine Serifenschrift, da diese z. B. bei Schülern aus dem arabischen Sprachraum zu Unterscheidungsproblemen führen kann.
- Lassen Sie zu Beginn des Spiels die Gruppen jeweils einen gemeinsamen Teamnamen finden. Dies fördert die Identifikation mit der Gruppe und die Motivation.
- Damit nicht immer die leistungsstarken Schüler zusammengehen oder Schüler aus gleichen Herkunftsländern unter sich bleiben, sollten die Gruppen öfter neu zusammengestellt werden.

Variation:
- Punkte für Substantive gibt es nur, wenn auch der richtige Artikel gelegt wird.
- Ein Wort wird genannt und muss in einen frei wählbaren, aber korrekten Satz eingebettet werden.

1.7 Teekesselchen

MR / S & K / BK

Beim Teekesselchen werden Wörter mit Doppelbedeutungen (Homonyme / Polyseme), die auf DaZ-Schüler oft verwirrend wirken, unterschieden. Das Formulieren der Aussagen zum gesuchten Wort unterstützt Prozesse der Kategorisierung. Die Methode erweitert den Sprachwortschatz und hilft dabei, Übersetzungsfehler zu vermeiden.

Wörter mit Doppelbedeutung kennenlernen und vertiefen; Aussprache und Fragetechnik schulen

20–30 Minuten

pro Schülerpaar: 1 vorbereitetes Kärtchen

Durchführung:

- Jeweils ein Schülerpaar erhält ein Kärtchen mit einem doppeldeutigen Wort.
- Jeder Schüler übernimmt eine Bedeutung des Wortes.
- Abwechselnd nennen die Schüler Informationen zu ihrer Bedeutung des Wortes. Dies geschieht immer mit der Formulierung „Mein Teekesselchen …".
- Die anderen Schüler versuchen, das Teekesselchen zu erraten, wobei sie nur Ja / Nein-Fragen stellen dürfen.
- Die unterschiedlichen Bedeutungen der Wörter sind die große Herausforderung für die Schüler, da diese z. T. weit auseinanderliegen oder sich sogar widersprechen.
- Um den Wettbewerbscharakter zu steigern, können sich jeweils zwei Schülerpaare duellieren. Das Team, welches die wenigsten Erklärungen zum Erraten des Begriffes benötigt, bekommt den Punkt und sucht sich eine neue Zweiergruppe.
- Gewonnen hat am Ende das Zweierteam mit den meisten Punkten.

Aufgabenbeispiele:

- Beispiel: Bank (1. Möbel; 2. Geldinstitut)

Tipp 1: „Mein Teekesselchen ist manchmal bequem und manchmal unbequem."
Tipp 2: „Mein Teekesselchen gibt es in jeder Stadt und in jedem Land."
Tipp 3: „Mein Teekesselchen ist …"

- Weitere Beispiele für Wörter mit Doppelbedeutung:

Absatz	**Bar**	**Bienenstich**
1. Teil eines Schuhs	1. Maßeinheit für Druck	1. Stich der Biene
2. Verkauf	2. Gaststätte	2. Süßgebäck

Boxer	**Leuchte**	**Krebs**	**Mutter**
1. Hunderasse	1. guter Schüler	1. Krankheit	1. Mama
2. Sportler	2. Lampe	2. Tier	2. Gegenstück zur Schraube
		3. Sternzeichen	

Hinweise / Stolperstellen:

- Beschreibungen wie „Mein Teekesselchen gibt es auf der Erde." treffen so ziemlich auf jeden Begriff zu und sind demnach keine echte Hilfestellung.
- Die Begriffe können nur erraten werden, wenn den Schülern die Doppelbedeutungen bekannt sind und das Spiel vorhandenes Wissen aktiviert. Genutzt werden können dazu Wörterbuch- oder Glossareinträge, in denen die unterschiedlichen Bedeutungen der Wörter festgehalten werden (s. auch individuelle Wörterliste).
- In dieser Form wird das Spiel nach dem Gemeinsamen Europäischen Referenzrahmen ab Niveau A2 empfohlen, da ein gewisser Wortschatz vorausgesetzt wird.

Variation:

- Der Lehrer übernimmt die Beschreibungen und jeder Schüler errät den Begriff für sich. Allerdings sprechen die Schüler auf diese Weise weniger.
- Die Klasse wird in zwei Gruppen geteilt. Jede Gruppe versucht, das Teekesselchen der anderen Gruppe zu erraten.
- Denkbar ist auch, dass nur eine bestimmte Anzahl an Informationen genannt werden darf oder die Ratezeit begrenzt wird.

1.8 Von A bis Z   S & K / B

> Mithilfe dieser Methode trainieren DaZ-Schüler, die Wortschatzarbeit zu systematisieren. Dabei greifen sie auf Vorwissen und Erfahrungen zurück. Erlernte Begriffe werden so aktiviert, erweitert, gefestigt und gesichert.

 Vorkenntnisse und Erfahrungen der Schüler aktivieren; Wortschatz wiederholen; Aussprache schulen

 10–20 Minuten

 keines

Durchführung:

- Jeder Schüler nimmt sein Blatt Papier und erhält den Auftrag, passende Begriffe zu einem aktuellen Themengebiet zu finden.
- Dabei soll er möglichst zu jedem Buchstaben des Alphabets einen Begriff finden.
- Die Ergebnisse werden vom Lehrer an der Tafel oder mithilfe der Dokumentenkamera gesammelt.
- Neu gefundene Begriffe werden von den Schülern laut ausgesprochen.
- Gleichzeitig erklärt der Schüler – soweit möglich –, wie der Begriff mit dem Themengebiet zusammenhängt.
- Die anderen Schüler können Ergänzungen anbringen, wodurch neue Verknüpfungen entstehen.

Aufgabenbeispiel:

Thema „Wir entdecken Obst und Gemüse"

- Die Schüler versuchen, auf einem Blatt verschiedene Begriffe zum Thema „Obst und Gemüse" von A bis Z zu notieren. Nicht für alle Buchstaben gibt es einen sinnvollen Begriff. Um Leerlauf zu vermeiden, notieren die Schüler mehrere Begriffe zu einem Buchstaben (Buchstabe „B": „Birne", „Banane", „Blattsalat").
- Zusätzlich sollen die Schüler erklären, wie sie den genannten Begriff mit dem Thema „Obst und Gemüse" in Verbindung bringen.

    Beispiel: Der Begriff des Schülers zum Buchstaben „V" lautet „Vitamine". Die Begründung könnte lauten: „Obst und Gemüse sind gesund. Sie haben viele Vitamine."

Hinweise / Stolperstellen:

- Je nach Sprachniveau der Schüler kann die Aufgabenstellung offener oder geschlossener gestaltet werden. Im genannten Beispiel ist die Aufgabenstellung offen, da alles zum Thema „Obst und Gemüse" genannt werden kann („Biobauer", „pflücken", „gesund", „Obstschäler", „Wurm" etc.). Werden nur verschiedene Obstsorten gesucht, wird die Aufgabenstellung geschlossener, der Freiraum beschränkt und das Anforderungsniveau erhöht.
- Gibt es Schüler, die mit dem deutschen Alphabet noch nicht so vertraut sind, kann durch eine vorgegebene Anlauttabelle Abhilfe geschaffen werden.

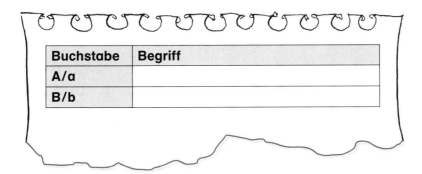

Buchstabe	Begriff
A/a	
B/b	

- Die Methode kann in verschiedenen Phasen einer Unterrichtseinheit Verwendung finden. Der Einsatz reicht vom Einstieg in ein Thema bzw. von der Systematisierung eines Themas über die Lösung eines Problems bis hin zur Ideenfindung oder der Vorbereitung eines Vortrags.

Variation:

- Wenn die Schüler ihre Begriffe selbst an die Tafel schreiben, kann gleichzeitig die korrekte Orthografie überprüft werden. Zudem handelt es sich um den ersten Schritt, um dem Plenum ein Ergebnis zu präsentieren. Wichtig: Keinen Schüler dazu zwingen, sondern langsam hinführen. Kulturbedingt kann öffentliche „Bloßstellung" von Schülern vor der Klasse zu gravierendem Gesichtsverlust und in der Folge zu einer totalen Verweigerung führen.
- Diese Methode eignet sich, um den Sprachstand bzw. den Wortschatz einer Klasse zu Schuljahresbeginn zu überprüfen. Sie ist auch als Gruppenarbeit mit Binnendifferenzierung durchführbar: Dabei können die Schüler in Gruppen mit offenen (für leistungsschwächere Schüler) oder geschlossenen (für leistungsstärkere Schüler) Arbeitsaufträgen eingeteilt werden.

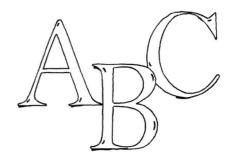

Orientieren und informieren

2.1 Lerntempoduett — L & A

> Das Lerntempoduett gibt dem DaZ-Schüler die Chance, Inhalte und Zusammenhänge entsprechend seines individuellen Tempos zu bearbeiten und zu analysieren. Der Wechsel zwischen Einzel- und Partnerarbeit sowie die bewusste Aufteilung des zu bewältigenden Lernstoffes in Einzelschritte geben Orientierung in der Menge des sprachlichen und inhaltlichen Inputs. Das Lerntempoduett ist zur Anwendung in sehr heterogenen Klassen gut geeignet: Leistungsstarke Schüler fühlen sich nicht unterfordert und DaZ-Schüler erhalten vom Lehrer gezielt individuelle Unterstützung.

 mithilfe von (Fach-)Texten oder praktischen Übungen Wissen aneignen oder wiederholen

 30–45 Minuten

 pro Schüler: 1 (Fach-)Text bzw. 1 Arbeitsblatt mit Arbeitsaufträgen

Durchführung:

- Lernen in Einzelarbeit I: Die Schüler erarbeiten jeder für sich die erste Leitfrage oder den ersten Arbeitsauftrag eines (Fach-)Textes, einer Mathematikaufgabe oder einer praktischen Übung.
- Lernen im Lerntandem I: Sobald ein Schüler die Einzelarbeit abgeschlossen hat, steht er auf und geht zu einer entsprechend gekennzeichneten Ecke des Klassenzimmers. Dort trifft er auf Mitschüler, die dasselbe Lerntempo haben. Es bilden sich Lerntandems, in denen die Ergebnisse der vorherigen Einzelarbeit besprochen und gegebenenfalls gemeinsam optimiert werden. Natürlich können zeitgleich mehrere Tandems in der Ecke arbeiten.
- Lernen in Einzelarbeit II: Nach der Partnerarbeit geht es zurück in die Einzelarbeitsphase, in der die zweite Leitfrage oder der zweite Arbeitsauftrag bearbeitet wird.
- Lernen im Lerntandem II: Nach Fertigstellung der Stillarbeit bilden sich wieder Lerntandems, die ihre Ergebnisse der Einzelarbeit diskutieren.
- Der Prozess wird fortgeführt, bis alle Aufgaben gelöst sind.
- Klassenplenum: Die Lösungen werden abschließend im Klassenplenum besprochen.

Aufgabenbeispiele:

- Mithilfe der Methode Lerntempoduett können die Schüler im Fach Mathematik umfangreiche Sachaufgaben oder Gleichungen selbstständig lösen. Ein mögliches Szenario lautet:

> Deine Eltern suchen eine Wohnung. In einem Internetportal findet ihr unter mehreren Angeboten eure Traumwohnung. Es ist ein Grundriss im Maßstab 1:100 abrufbar.
>
> a) Ihr interessiert euch für die Fläche der einzelnen Zimmer.
> b) Um die einzelnen Wohnungsangebote gut vergleichen zu können, möchtet ihr wissen, wie viel Platz in der Wohnung insgesamt zur Verfügung steht.
> c) Die Wohnung hat auch einen großen Balkon. Wie groß ist die Fläche des Balkons?

Wie unter Punkt „Durchführung" erklärt, führen die Schüler zunächst Aufgabe a) alleine durch, daraufhin besprechen sie den Rechenweg und das Ergebnis mit einem Lernpartner bzw. einer Lernpartnerin. Anschließend bearbeiten sie Aufgabe b) alleine.

- Weiter sind beispielsweise Quellenarbeiten im Fach Geschichte oder die Erarbeitung physikalischer Phänomene und chemischer Versuche mithilfe dieser Methode möglich.

Hinweise / Stolperstellen:

- Da die Schüler überwiegend selbstständig arbeiten, bleibt dem Lehrer genügend Zeit für zusätzliche Erklärungen und individuelle Unterstützung leistungsschwächerer Schüler.
- Der Lehrer ist als Mentor gefordert, um die einzelnen Lerntandems zu begleiten und kontinuierlich die Zwischenergebnisse zu überprüfen, damit nicht mit falschen Lösungen weitergearbeitet wird. Alternativ können nach jeder Tandemphase Selbstkontrollblätter zur Verfügung gestellt werden, mit denen die Schüler ihre Lösungen eigenständig überprüfen.

Variation:

- Bei sehr komplexen Themen oder leistungsschwachen Klassen kann es sinnvoll sein, mehrmals eine Plenumsphase zur Ergebnissicherung einzubauen. Auf diese Weise wird vermieden, dass mit falschen Ergebnissen weitergearbeitet wird.

2.2 Drehscheibe / Linking words — BK / SG

> Für diese Methode wird eine Drehscheibe erstellt, die die Gegenüberstellung von Symbolen, umgangssprachlichen und bildungssprachlichen Ausdrücken ermöglicht. Sie unterstützt DaZ-Schüler beim schnellen Auffinden von wichtigen Ausdrücken für den Unterricht.

 fach- und bildungssprachliche Ausdrücke besser verstehen

 40 Minuten

 pro Schüler: Pappe, 1 Schere, 1 Kleber, ggf. 1 Kopiervorlage (vgl. S. 27)

Durchführung:
- Jeder Schüler fertigt eine Drehscheibe zu einem bestimmten Fachwortfeld an.
- Auf dem Zuordnungskreis stehen in den Korrespondenzfeldern äquivalente Ausdrücke, auf der Vorderseite in Form von Aussagesätzen, auf der Rückseite in Form von Fragen.

Aufgabenbeispiele:
- Mathematik: Operationen und Maßeinheiten – ab 5. Klasse, Wortschatz zu Bruchzahlen – ab 6. Klasse
- Politik / Sozialkunde / Geschichte / Biologie: Definitionen und Operatoren – ab 7. Klasse
- Chemie / Physik: Formulierung von Formeln und Prinzipien

Hinweise / Stolperstellen:
- Der Umgang mit der Drehscheibe muss eingeführt werden.
- Den Schülern muss bewusst gemacht werden, dass sie die Sätze nicht immer eins zu eins übernehmen können.
- DaZ-Schülern (aber nicht nur ihnen!) bereiten bildungssprachliche Ausdrücke oft Mühe. In Aufgabenstellungen können sie eine sprachliche Hürde darstellen. Die Drehschreibe kann hier als Übersetzungshilfe dienen.
- Werden Drehscheiben mit Operatoren eingeführt (s. Vorlage, S. 27), sollten diese auch möglichst einheitlich in allen Fächern eingesetzt werden.

Variation:
- In Partnerarbeit können die Schüler die Drehscheibe nutzen, um sich gegenseitig Rechenaufgaben zu stellen und sie entsprechend vielfältig zu formulieren.

Beispiel für eine Drehschreiben-Vorlage:

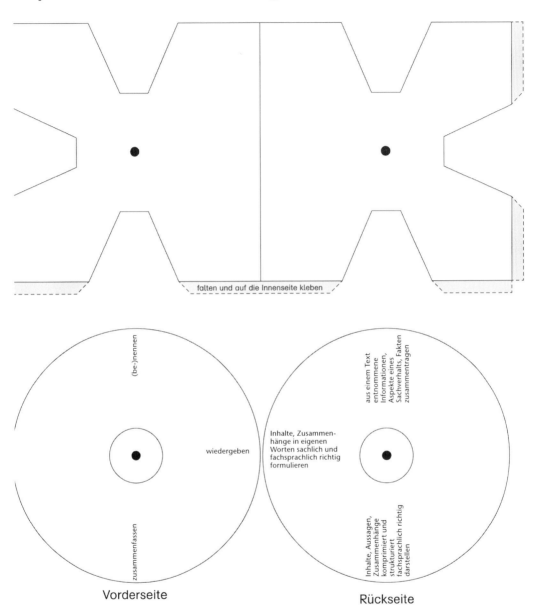

Planen und analysieren

2.3 Experteninterview

L & A / S & K / BK

> Die Methode fördert bei den Schülern neben Planungskompetenzen die mündliche Kommunikationsfähigkeit unter Anbahnung von fachspezifischem Wortschatz. Praxiswissen von außen wird dadurch für die Schule nutzbar gemacht.

 Interview als Methodenwerkzeug einüben

 360 Minuten

 pro Gruppe: 1 Fragebogen, Plakate, ggf. Fotoapparat / Smartphone

Durchführung:

- Die Klasse wird in Gruppen geteilt. Die Schülergruppen erhalten die Aufgabe, zu einem bestimmten Zweck eine Person zu interviewen.
- Zuvor wird im Unterricht ein Fragenkatalog erarbeitet, dessen Schwerpunkte Tätigkeiten, Kompetenzen und Ausbildung des Experten umfassen.
- Die Gruppe sucht nach einem geeigneten Interviewpartner, nimmt Kontakt auf und vereinbart einen Termin.
- Die einzelnen Aufgaben werden innerhalb der Gruppe verteilt und der Ablauf des Interviews wird besprochen: Welche Schüler übernehmen die Befragung, wer macht Fotos, wer fertigt Lageskizzen an? Etc.
- Die Möglichkeiten der Auswertung und der abschließenden Präsentation werden durchgesprochen.
- Die Schüler führen das Interview mit dem „Experten" durch.
- Im Unterricht wird die Gruppenarbeit anschließend ausgewertet, z. B. indem die Gruppe ein Plakat mit den wichtigsten Informationen des Interviews gestaltet.

Aufgabenbeispiele:

- Im Fach Politik / Sozialkunde können der Bürgermeister oder Stadträte befragt werden zum Thema „Verwaltung einer Gemeinde". Schwerpunkte können die Verteilung der Geschäftsbereiche sein, die Aufgaben eines Bürgermeisters und die verschiedenen Institutionen innerhalb einer Gemeinde (Einwohnermeldeamt, Standesamt, …).
- Im Fach Geschichte können zum Thema „Nationalsozialismus" Zeitzeugen befragt werden, die als Schüler selbst erlebt haben, wie in Jugendorganisationen politische Meinungsbildung erfolgte.

Hinweise / Stolperstellen:

- Experten zu interviewen ist ein Methodenwerkzeug, das gerade im Lernbereich „Berufsorientierung" in den Klassen 7–10 häufig zu finden ist. DaZ-Schüler können hierbei Fragestellungen üben, Hörverstehen trainieren und ihre Kompetenz beim Verfassen eines Protokolls schulen. An dieser Stelle wird fachspezifischer Wortschatz aufgebaut und es findet eine erste Annäherung an Berufs- und Fachsprache statt.
- Die Methode integriert auch Schüler mit einem niedrigeren Sprachstand in die Gruppenarbeit, da sie Tätigkeiten verrichten können, bei denen sie über keine komplexeren Redemittel verfügen müssen: Sie können beispielsweise die Fotos machen und diese mit kurzen Beschriftungen versehen.
- Als Auswertungstool eignet sich auch eine PowerPoint-Präsentation im Fächerverbund mit Textverarbeitung/IT.
- Eine gemeinsame Ausstellung kann am „Tag der offenen Tür" oder im Rahmen eines Schulfestes organisiert werden, zu dem auch die Betriebe eingeladen sind.

Variation:

- Die Klasse kann auch einen Experten in die Schule einladen und ihn im Klassenplenum befragen. In diesem Fall kann der Lehrer die Befragung exemplarisch anleiten und unterstützen.
- Als Einstiegsübung zu dieser Methode kann in niedrigen Klassenstufen das Personal der Schule interviewt werden: Hausmeister, Schulsekretärin, Schulsozialarbeiterin.
- Wenn abschließend ein Protokoll des Interviews erstellt wird, können zusätzlich schriftsprachliche Kompetenzen angebahnt werden.

2.4 Beobachtungsbogen

L & A / SG

> Durch gezielte Aufgabenstellungen vor, während und nach dem Betrachten von qualitativ hochwertigen Serien oder Filmen wird der planvolle Umgang in der Analyse von komplexen Erzählsträngen, Figurenensembles, Erzählmitteln und kontroversen Themen geschult. Die Serien oder Filme können unter verschiedenen Aspekten der Spracharbeit eingesetzt werden. Beim Gespräch über die Inhalte der Serie oder des Filmes werden der Wortschatz aufgebaut und sprachliche Redemittel erprobt.

 mit dem Medium Film auseinandersetzen

 individuell

 technische Ausstattung im Klassenraum (DVD-Player mit TV-Gerät oder Computer mit Beamer, Lautsprecher); pro Schüler: 1 Beobachtungsleitfaden

Durchführung:

- Im Vorfeld wählt der Lehrer eine geeignete Serie oder einen Film aus, die/der den Lernfeldern des Lehrplans entspricht. Erfahrungen und Vorlieben der Schüler sollen berücksichtigt werden.
- Der Lehrer erstellt einen Beobachtungsleitfaden, der in drei Phasen unterteilt ist.
- Die Schüler bearbeiten den Beobachtungsleitfaden anhand der Sequenzen, die vom Lehrer ausgewählt wurden.
- Anschließend werden die Ergebnisse präsentiert.

Aufgabenbeispiele:

- „The Man in the High Castle" ist eine Verfilmung des gleichnamigen Romans, der eine Alternativweltgeschichte zur Handlung hat. Der Zweite Weltkrieg wurde durch die Achsenmächte gewonnen, die anschließend die Vereinigten Staaten unter sich aufgeteilt haben. An diesem Beispiel können im Fach Geschichte oder Politik/Sozialkunde Konsequenzen für einen anderen Verlauf der Weltgeschichte erarbeitet werden. Die Handlung ist in den USA der 1960iger Jahre verortet, deren kulturelle Bewegungen wesentlich unsere westliche, moderne Kultur geprägt haben. Die Schüler können reflektieren, wie unsere europäische Welt ohne diese Veränderungen und Einflüsse aussehen könnte.
- „Modern Familiy" thematisiert die Veränderung der Familienstrukturen in unseren modernen Gesellschaften, die von individueller Freiheit bestimmt werden. In den Fächern Religion/Ethik oder Politik/Sozialkunde können die Themenschwerpunkte veränderte Geschlechterrolle, Familienformen und Homosexualität thematisiert werden.
- Die Serie „Lost" greift das literarische Format eines Inselromans auf, in dem unterschiedliche Individuen auf einer Insel stranden und miteinander leben müssen. Schüler können dabei den Spannungsbogen aller zwischenmenschlichen Verhaltensweisen beobachten, analysieren und versuchen einzuordnen.

Hinweise / Stolperstellen:

- Serien / Filme sollen nicht als reine Spracharbeit verstanden werden (beispielsweise Hörverstehen und Text-Bild-Zuordnung), ihr Nutzen liegt auch im interkulturell-kommunikativen Bereich.

Variation:

- Fortgeschrittene Lerner können die Serien / Filme auch unter dem Aspekt ihrer Produktion untersuchen, beispielsweise hinsichtlich Kamerawinkel und Beleuchtung.
- Im Kunstunterricht kann ein Werbefilmplakat erstellt werden.
- Als Abschluss kann selbst ein Kurzfilm gedreht werden, da viele Schulen Kamera- und Aufnahmegeräte besitzen.

Beispiel für die Inhalte eines Beobachtungsleitfadens:

vor der Serie/dem Film	während der Serie/des Filmes	nach der Serie/dem Film
• Serien-/Filmplakat zeigen und Mutmaßungen über den Inhalt äußern • Kurzinhaltsangabe bekanntgeben • Hypothesen über die Serie/den Film bilden • von einem Bild eines Darstellers (Kleidung) ausgehend Mutmaßungen über dessen Rolle äußern	• die wichtigsten Charaktere herausarbeiten • Charaktere beschreiben • Beziehung der Charaktere zueinander klären und diese in Diagrammen darstellen • Merkmale der Sprache beschreiben • nonverbale Kommunikation wahrnehmen • Überlegungen zum sinnvollen Einsatz von sprachlichen Mitteln anstellen • Abgrenzung gegenüber verbalen Äußerungen: Wann wird Gestik und Mimik verwendet und wann wird Sprache gewählt? • Sprache untersuchen • Dialoge nachempfinden	Aufgaben entwickeln, die das detailliertere Verständnis überprüfen in Bezug auf inhaltstragende Handlungsfäden und Charaktere: • Single-Choice-Aufgaben • Multiple-Choice-Aufgaben • Überschriften zu Szenen zuordnen • die Entwicklung eines Protagonisten aufzeigen • kleinere Sequenzen nachspielen • Sprech- und Gedankenblasen ausfüllen • Standbilder ergänzen (siehe Methode 3.1 „Standbild") • Szenen beschreiben und in eigenen Worten nacherzählen • mögliche alternative Handlungsverläufe erarbeiten und schriftlich darlegen • kurze Transkripte einzelner Szenen anfertigen

2.5 Satzanfangswürfel

BK / L & A / SG

> Diese Methode eignet sich, um sprachliche Produkte zu planen. Mit dem Würfel, dessen Flächen jeweils mit unterschiedlichen Satzanfängen beschriftet sind, können die Schüler ihre Texte gliedern und die Bandbreite ihrer Ausdrucksmöglichkeiten erweitern. Der spielerische Charakter dieser Methode ist sehr motivierend.

 Ausdrucksfähigkeit verbessern

 90 Minuten

 pro Schüler: 1 oder mehrere Würfelnetze, 1 Schere, 1 Kleber

Durchführung:

- Der Lehrer verteilt die kopierten Würfelnetze. Die Schüler beschriften sie je nach Einsatzbereich mit Satzanfängen aus verschiedenen Bereichen, zum Beispiel mit Satzanfängen, die eine überraschende Wendung herbeiführen, Satzanfängen, die Begründungen liefern etc.
- Nun werden Lerntandems gebildet. Jedes Team arbeitet mit einem oder mehreren Satzanfangswürfeln. Die Schüler überarbeiten in Partner- oder Gruppenarbeit Sätze ihrer eigenen sprachlichen Produkte unter Einsatz der verschiedenen Würfel und tauschen sich über die Veränderung der Bedeutung aus.

Aufgabenbeispiele:

- Um eine Erlebniserzählung spannender zu gestalten, überarbeiten die Schüler im Deutschunterricht der 5./6. Klasse ihre schriftlichen Produkte selbstständig. Dabei wird ein Förderschwerpunkt ausgewählt, zum Beispiel spannende Satzanfänge: temporal („am Abend", „übermorgen", ...), kausal („aus diesem Grund", „weil das Wetter schön war", ...) lokal („in der Küche", ...), modal („unter großen Mühen", „mit Schweiß auf der Stirn", ...). Die Lerner würfeln für jeden Satz zwei verschiedene Satzanfänge und passen ihre Sätze jeweils an (Zu beachten ist die unterschiedliche Position des Verbs!). Mit ihrem Partner besprechen sie die entstandenen Sätze und wählen jeweils den geeignetsten aus. Die Schüler schreiben den Aufsatz mit den überarbeiteten Sätzen neu.
- Im naturwissenschaftlichen Unterricht der 7.–10. Klasse eignet sich diese Methode, um Experimente zu beschreiben. Mit einem Satzanfangswürfel, der mit temporalen Satzanfängen beschriftet ist, kann der zeitliche Ablauf eines Versuchs beschrieben werden. Um kausale Zusammenhänge darzustellen, kann ein Würfel mit kausalen Satzanfängen angefertigt werden.

Hinweise / Stolperstellen:

- Die Herstellung des Würfels kann im Mathematikunterricht erfolgen, da Würfelnetze ein Bestandteil des Lehrplans Mathematik sind.
- Im Kunstunterricht kann der Würfel bemalt und passend geschmückt werden.
- Wird der Würfel aus stabiler Pappe gefertigt, hat er eine längere Haltbarkeit.
- Die Übungen mit den Würfeln können sowohl alleine als auch in Partnerarbeit durchgeführt werden; anzuraten ist aber eine Arbeit mit Partner, da die Schüler so ihre Vorschläge besprechen können.

Variation:

- Die Würfel können nicht nur für Satzanfänge verwendet werden, sie können auch mit Verben aus einem bestimmten Wortfeld beschriftet werden (Beispiel: „laufen", „rennen", „hopsen", ...).
- Mit der Verwendung von Adjektiven kann auch die Arbeit mit Nominalphrasen verbessert und die Aufsatzqualität optimiert werden (Beispiel: Adjektive werden vorgegeben, die ein Nomen veranschaulichen und lebendiger erscheinen lassen).

Beispiel für Kopiervorlage:

	zuerst	
am Morgen	plötzlich	mit zitternden Knien
	mit Müh und Not	
	freudestrahlend	

Planen und analysieren

2.6 Mathebriefe

BK / SG / L & A

> Hier entwickeln Schüler selbst Textaufgaben zu relevanten, jahrgangsspezifischen mathematischen Inhalten, geben diese an eine Parallelklasse weiter und erhalten im Gegenzug selbst Aufgaben, die sie bearbeiten und lösen. So üben die Schüler, mithilfe vorgegebener Strukturen selbst sprachliche Produkte zu entwickeln und zu entschlüsseln.

 textbasierte Mathematikaufgaben erstellen und verstehen; Entschlüsselungsstrategien erarbeiten

 45 Minuten

 Schulbücher als Vorlage

Durchführung:

- Ein mathematisches Lernziel wird festgelegt.
- Die Klasse wird in Gruppen eingeteilt.
- Die Gruppen erstellen eine Textaufgabe, die auf sachliche und sprachliche Korrektheit überprüft wird; die Muster sind vorgegeben; der Lehrer wirkt nur beratend.
- Anregungen können die Schüler sich aus bekannten Ablaufskizzen holen, die als Musteraufgaben bearbeitet wurden.
- Die Überprüfung der Aufgabe erfolgt mit den bekannten Hilfsmitteln (Wortspeicher, Ablaufplan, Duden, ...).
- Die Aufgabe wird an eine Arbeitsgruppe in der Parallelklasse verschickt.
- Diese löst die Aufgabe und schickt die Lösung zurück.
- Die Aufgaben werden gemeinsam besprochen und korrigiert.

Aufgabenbeispiel:

- Beispielaufgabe zum Prozentrechnen in der 7. Klasse: Eine Klasse hat 30 Schüler, davon werden 28 versetzt. Wie viel Prozent der Schüler erreichen das Klassenziel, wie viel nicht?

Hinweise / Stolperstellen:

- Im Vorfeld müssen die Schüler die behandelten mathematischen Inhalte bearbeitet und verstanden haben sowie ausreichend beispielhafte Textaufgaben dazu gelöst haben.
- Der Ablaufplan einer Aufgabenerschließung muss im Vorfeld bekannt sein.
- Befestigen Sie den Ablaufplan einer Texterschließung im Klassenraum gut sichtbar für alle Schüler.

- Erarbeiten Sie zusammen mit der Klasse einen Wortspeicher für den jeweiligen mathematischen Inhalt und stellen Sie Formulierungshilfen bereit (siehe Methode 2.2 „Drehscheibe/Linking words").
- Verankern Sie die Methode fest im Katalog der Jahresplanung.
- Versierte Schüler können die Aufgaben auch in Einzelarbeit lösen.
- Kein Stellvertreterprinzip: Die Schüler sollen bei der Erstellung der Aufgaben die Namen ihrer Klassenkameraden oder ihre eigenen verwenden und Situationen aus ihrer Lebenswirklichkeit nutzen.

Variation:

- Im Hauswirtschaftsunterricht eignet sich diese Methode, um Rezepte aus unterschiedlichen Ländern auszutauschen und nachzukochen. Am Ende können sie zu einem Buch zusammengestellt werden.

2.7 Verkehrte Welt

L & A / SG / BK

> Die Umkehrung von Sachverhalten hilft den Schülern, einen Zugang zu einem komplexeren Thema zu erhalten. Mithilfe dieser kreativen Brainstorming-Variante trainieren DaZ-Schüler die Negation.

 Ideen finden und äußern; Begeisterung für ein Thema wecken; kreative Texte verfassen; Satz- und Teilnegationen üben

 20–45 Minuten

 Dokumentenkamera, Flipchart, Metaplanwand

Durchführung:

- Die Schüler äußern möglichst viele Ideen zu einer vorgegebenen Situation. Diese soll gezielt negativ formuliert sein bzw. gezielt vom Gegenteil ausgehen.
- Um das Brainstorming anzustoßen, bietet es sich an, den Schülern entsprechende Fragen an die Hand zu geben:
  - „Was ist das Gegenteil von …?"
  - „Was wäre, wenn man mit dem Ende beginnt?"
  - „Wie soll das Ergebnis auf keinen Fall aussehen?"
  - Etc.
- Die Schüler sollen zunächst in Einzelarbeit Ideen sammeln und verschriftlichen.
- Anschließend werden die Ideen an der Tafel vorgetragen und mittels Dokumentenkamera, Flipchart oder an der Metaplanwand festgehalten.
- Die gesammelten Ideen bieten neuen Gesprächsanlass.
- Abschließend werden die negativ formulierten Ideen in positive umgewandelt.
- Dies geschieht entweder mit der ganzen Klasse, in Kleingruppen oder in Einzelarbeit.

Aufgabenbeispiele:

- Thema: „Klassenregeln erarbeiten"
  Prozessanstöße auf dem Arbeitsblatt könnten demnach lauten:
  „Was wäre, wenn du immer in die Schule kommen könntest, wann du willst?"
  - „Ich muss nicht pünktlich sein und jeden Test mitschreiben."
  - „Ich muss nicht so lange in der Schule bleiben.
  „Du bist nicht nett zu deinen Mitschülern. Wie sieht das aus?"
  - „Ich beleidige sie und nehme ihre Sachen, ohne zu fragen."
  - „Ich höre ihnen nie zu."
  „Wenn du könntest, wie würdest du den Unterricht stören?"
  - „Ich melde mich nie und rede immer dazwischen."
  - „Ich spiele mit meinem Handy."
  Die Ergebnisse werden nun im Plenum zusammengetragen und nach anschließender Diskussion werden positive Klassenregeln formuliert, z. B.: „Ich lasse meine Mitschüler ausreden."; „Das Handy lasse ich in der Tasche." Etc.

- Thema: „Kooperation in Teams" im Sportunterricht
  - „Wie kann ich Teamarbeit erfolgreich verhindern?"
- Thema: „Gesunde Ernährung" in Sport/Biologie/Hauswirtschaft:
  - „Wie kann ich mich besonders ungesund ernähren?"
- Sparsamer Umgang mit Ressourcen, Aufhebung der Schulpflicht, keine Steuern bezahlen, …

Hinweise / Stolperstellen:

- In der Regel werden viele kreative Ideen gefunden, da diese Art des „Kopfstanddenkens" die Schüler stark motiviert.
- Auch wenn mehr Zeit benötigt wird, hat es sich als sinnvoll erwiesen, die Schüler ihre Ideen selbst festhalten und sie anschließend präsentieren zu lassen.
- Schneller geht es, wenn sich die Schüler nach der individuellen Ideenfindung in Dreier- oder Vierergruppen zusammenfinden und ihre Ideen besprechen. In der Kleingruppe wird ein Plakat mit der Ideensammlung erstellt und anschließend der gesamten Klasse präsentiert.
- Nicht alle Themen eignen sich gleich gut für diese Methode bzw. können kulturell bedingt Missverständnisse auslösen (z. B. Umgang mit bestimmten Werten, Pflichten und Regeln in verschiedenen Kulturkreisen).

Variation:

- Die Schüler schreiben ihre Ideen auf Moderationskarten und bewerten sie mittels Punktabfrage. Dabei stehen ihnen jeweils zehn Klebepunkte zur Verfügung, mit denen sie ihre Top-Ideen kennzeichnen. So können beispielsweise schnell und demokratisch die besten fünf Ideen der Klasse ermittelt werden.

2.8 Fünf-Schritt-Lesemethode

L&A/S&K/BK

> Sachtexte zu erschließen und wichtige Informationen daraus zu entnehmen fällt nicht jedem leicht. Die vorliegende Methode ermöglicht es DaZ-Schülern, wichtige Information eines Textes in fünf Schritten zielgerecht zu erfassen. Neben dem Aktivieren des Vorwissens stehen das globale, selektive und detaillierte Leseverstehen im Fokus.

Texte effizient und zielgerichtet lesen lernen; wichtige Informationen herausarbeiten; Wörter im Duden nachschlagen

10–90 Minuten

pro Schüler: 1 zu bearbeitender Deutschtext, 1 Rechtschreibduden, Buntstifte oder Marker

Durchführung:

- Schritt 1: Text überfliegen
  Zu Beginn verschaffen sich die Schüler einen groben Überblick vom Inhalt des Textes, indem sie ihn kurz überfliegen. Überschriften, Anfänge der Abschnitte, Bilder, Diagramme, Schlüsselwörter können dabei helfen. Sie sollen farbig markiert werden.
- Schritt 2: Fragen stellen
  Nach dem groben Überblick soll im nächsten Schritt überlegt werden, auf welche Fragen der Text Antworten gibt bzw. welches Thema im Text Fragen aufwirft. Demnach formulieren die Schüler Fragen, auf die der Text eine Antwort geben könnte. Diese sollen schriftlich festgehalten werden.
- Schritt 3: Genaues Lesen
  Im Anschluss wird der Text exakt gelesen. Die Schüler unterstreichen, markieren oder notieren wichtige Aussagen und schreiben ihnen unbekannte Begriffe auf.
- Schritt 4: Gliedern und Zusammenfassen
  In dieser Phase gliedern die Schüler den Text und fassen jeden einzelnen Abschnitt schriftlich und in eigenen Worten kurz zusammen.
- Schritt 5: Wiederholen
  Abschließend gilt es, die wichtigsten Aussagen oder Informationen zu wiederholen. Die bei Schritt 2 aufgestellten Fragen sollten nun beantwortet werden können.

Hinweise / Stolperstellen:

- Die Methode ist sehr zeitintensiv und bedarf entsprechender Übung. Es empfiehlt sich, zunächst nur Texte mit bekanntem Wortschatz zu verwenden.
- Steigern Sie die Textlänge Schritt für Schritt, da diese Methode von den Schülern viel Konzentration fordert.

- Beim genauen Lesen (Schritt 3) muss den Schülern ausreichend Zeit eingeräumt werden.
- Achten Sie bei Schritt 3 außerdem darauf, dass die Schüler keine ganzen Sätze übernehmen oder unterstreichen. Nur so lernen Ihre Schüler, zwischen wichtigen und weniger wichtigen Informationen zu unterscheiden.
- Unbekannte Wörter schlagen die Schüler zunächst alleine nach. Nur wenn die Erklärung im Schülerduden und der Banknachbar nicht weiterhelfen können, erklärt der Lehrer das Wort im Plenum.
- Den Text in einzelne Abschnitte zu gliedern (Schritt 4), bereitet den Schülern oft Probleme. Geben Sie in diesem Fall die Gliederung nach Sinnabschnitten bereits vor.
- Je nach Zielsetzung der Unterrichtseinheit (z. B. Erörterung schreiben/mündliche Präsentation) kann die Inhaltszusammenfassung wahlweise mündlich oder schriftlich erfolgen.

Variation:

- Neben der Zusammenfassung der Sinnabschnitte bei Schritt 4 können leistungsstarke Schüler zusätzlich Überschriften zu jedem Abschnitt finden.

Beispiel für Kopiervorlage:

Schritt 1: Text überfliegen
Aufgabe: Lies die Überschriften und die fett markierten Wörter. Diese helfen dir, eine grobe Übersicht von dem Text zu bekommen.

Schritt 2: Fragen stellen
Aufgabe: Welche Fragen könnte der Text beantworten? Notiere deine Fragen.

Schritt 3: Genaues Lesen
Aufgabe: Lies den Text genau und langsam durch. Unterstreiche wichtige Aussagen.

Schritt 4: Gliedern und Zusammenfassen
Aufgabe: Gliedere den Text in Sinnabschnitte. Fasse jeden Abschnitt in eigenen Worten kurz zusammen.

Schritt 5: Wiederholen
Aufgabe: Wiederhole für dich alle wichtigen Informationen des gesamten Textes. Deine Notizen können dir dabei helfen.

3.1 Standbild

SG / S & K

Sprachlich anspruchsvolle Aufgabenformate wie Textanalysen und -interpretationen werden mithilfe dieser Methode im Team durchdacht und nonverbal in Standbildern dargestellt. Im Anschluss werden die Standbilder gedeutet und ausgewertet. Diese Vorarbeit entlastet für DaZ-Schüler das Verfassen komplexer Textbausteine.

stumme, bewegliche (Figuren-)Bilder im Team entwickeln und gemeinsam analysieren; Textstellen, Situationen, Probleme, Themen, literarische Figuren etc. interpretieren

20 – 25 Minuten

pro Gruppe: 1 passender Text, ggf. 1 Fotoapparat / Smartphone

Durchführung:

- Thema oder Textgrundlage zur Verfügung stellen: Die Schüler überlegen sich in Gruppen gemeinsam ein Thema, das mithilfe eines Standbildes dargestellt werden soll. Alternativ kann auch ein Auszug aus einem literarischen Werk als Textgrundlage dienen. Bei einem Textauszug muss nun die Interpretationslücke innerhalb des Textes mit einem Standbild ergänzt werden. Die Schüler einigen sich auf eine interpretationsfähige Textstelle.
- Diskussion im Team: Die Gruppe entwickelt Ideen bezüglich der Darstellung eines aussagekräftigen Standbildes.
- Rollenverteilung: Innerhalb der Gruppen wird eine „künstlerische Leitung" (auch „Baumeister" oder „Regisseur" genannt) bestimmt. Sie wählt die passenden Schüler für die jeweiligen Standbildfiguren aus. Kriterien hierbei können Größe, Kleidung etc. sein.
- Bau des Standbildes: Die ausgewählten Schüler begeben sich, ohne zu sprechen, in die vereinbarte Position, sodass sich ein Gesamtarrangement der einzelnen Figuren ergibt.
- Freezing: Auf ein Klatschzeichen des Lehrers hin erstarren die Schüler zu Statuen. Das Standbild ist fertig.
- Interpretation und Besprechung: Die bislang nicht aktiven Schüler betrachten das Standbild, beschreiben, analysieren und interpretieren es. Das Standbild kann auch fotografiert und anschließend zur Analyse an die Wand projiziert werden.
- Abschließend werden die Analyse- und Interpretationsideen der Mitschüler mit der Ursprungsidee des Teams verglichen. Daraufhin macht sich die nächste Gruppe bereit, ihr Standbild zu präsentieren.

Aufgabenbeispiele:

- Figurenkonstellationen, interessante Beziehungen und die Beziehungsentwicklung zwischen einzelnen Figuren in einem literarischen Werk können allgemein oder auf einzelne Szenen bezogen dargestellt werden. Beispielsweise lässt sich die Gesprächsentwicklung im Theaterstück „Der Gott des Gemetzels" von Yasmina Reza gut mittels Standbildern darstellen und analysieren.
- Neben dem Deutschunterricht finden Standbilder auch in den Fächern Politik / Sozialkunde oder Religion Anwendung. Innerhalb des Politik- / Sozialkundeunterrichts können zum Beispiel die Verhältnisse einzelner Institutionen, deren Machtverhältnisse sowie aktuelle politische Situationen oder auch deren Entwicklung veranschaulicht werden.

Hinweise / Stolperstellen:

- Standbilder eigenen sich vor allem bei jenen Textstellen, die den Leser zur Interpretation auffordern. Diese „inhaltlichen Lücken" können mithilfe von Standbildern erschlossen werden.
- Um den Schülern Unsicherheiten zu nehmen, kann der Lehrer selbst ein Standbild vorführen und darauf hinweisen, dass es sich bei dieser Übung um einen Interpretationsversuch handelt und es somit kein Richtig oder Falsch gibt.
- Durch die Rolle des „künstlerischen Leiters" innerhalb jeder Standbildgruppe besteht die Gefahr, dass manche Schüler sich nicht aktiv einbringen. Aus diesem Grund soll der Entwicklungsphase des Standbildes im Team genügend Zeit eingeräumt werden.

Variation:

- Die Erstellung von Standbildern kann mit der Hinführung zur Zitiertechnik verbunden werden. Dazu nennen die Schüler als Beleg die verwendete Textstelle, die sie zur Entwicklung ihres Standbildes inspiriert hat.
- Bei manchen Interpretationsansätzen ist es gewinnbringend, wenn die beobachtenden Schüler sich Sätze überlegen, welche die Standbildfiguren in dem dargestellten Moment denken oder sagen könnten. Dazu legt ein Schüler der Standbildfigur die Hand auf die Schulter und spricht den Gedanken oder die Aussage laut aus. Darauf folgt eine Diskussion.

3.2 Abrakadabra

SG / B / L & A

> Bei dieser Methode geht es um eine erste Annäherung an das Schreiben am Computer und das Benutzen von Korrekturprogrammen. Die Arbeit am Computer motiviert alle Jugendlichen und bereitet ihnen großen Spaß, darüber hinaus entwickeln DaZ-Schüler neue Strategien, um eigene Texte zu überarbeiten.

 Aufmerksamkeit auf Rechtschreibung und Grammatik richten; Strategien zur Korrektur von Texten entwickeln

 25–40 Minuten (je nach Textlänge)

 pro Schülerpaar: 1 Computer mit Schreibprogramm, ggf. 1 Anleitung (zum Starten von Computer und Schreibprogramm / zum Benutzen der Korrekturfunktionen), 1 Satz Tippkarten mit möglichen Fehlern auf der Vorderseite und Tipps auf der Rückseite (s. Kopiervorlage, S. 44 – Tipps zur Rechtschreibung auf rotes Papier drucken und Tipps zur Grammatik auf grünes)

Durchführung:

- Nach einem Schreibauftrag bzw. bevor ein Text den Mitschülern präsentiert wird, tippen ihn die Schüler zu zweit ab.
- Dafür fahren sie einen Computer hoch und starten ein Schreibprogramm. (Unter Umständen brauchen die Schüler hierfür noch Unterstützung oder eine Anleitung in Form von Screenshots.)
- Bei markierten Stellen (in Word Rot für Rechtschreibung, Grün für Grammatik) gilt es nun, Fehler selbst auszubessern.
- Dafür wird nach dem Prinzip „Trial and error" vorgegangen. Die vom Programm vorgeschlagenen Korrekturmöglichkeiten werden durch Änderungen am Text überprüft.
- Die Schüler erhalten bei Bedarf zusätzlich Tippkärtchen.
- Verschwindet die Markierung nicht, kann der Computer über die Funktion „Rechtschreibung und Grammatik" im Reiter „Überprüfen" um Rat gebeten werden. Der Korrekturvorschlag kann über die Funktion „ändern" angenommen werden (und – Abrakadabra! – der Fehler wird behoben).
- Abschließend überprüfen die Schüler den Text noch einmal eigenständig – auch die Korrekturfunktionen der Schreibprogramme finden nicht alle Fehler.

Aufgabenbeispiele:

- Bewerbungsunterlagen, Praktikumsanfragen, Beiträge zur Schülerzeitung, Blogs, Internetseite der Schule etc. Die Methode ist vor allem bei Sprachprodukten gut anzuwenden, die anderen zugänglich gemacht werden sollen, da es den Schülern hier besonders wichtig ist, fehlerfreie Texte zu produzieren.
- Überarbeiten von Folien oder Plakaten zu Referaten

Hinweise / Stolperstellen:

- Bei der Überprüfung von Rechtschreibung und Grammatik steht DaZ-Schülern nicht immer die Unterstützung durch kompetente Schreiber des Deutschen zur Verfügung. Diese Methode bietet ihnen eine gute Alternative dazu.
- Die Tippkärtchen müssen dem Lernstand der Schüler angepasst sein. Es sollte auch immer nur eine begrenzte Anzahl davon neu eingeführt werden.
- Der Umgang mit den Korrekturfunktionen muss geübt und reflektiert werden, denn nicht immer sind alle Vorschläge des Programms stimmig.
- Auch Schreibkonferenzen können durch diese Methode unterstützt werden. Die Schüler korrigieren dabei gegenseitig ihre Texte. Bei der Überarbeitung der eigenen Texte müssen sie dann entscheiden, welche Korrekturen sie annehmen und welche sie hinterfragen und warum.

Variation:

- Neben den Korrekturfunktionen kann auch die Thesaurusfunktion genutzt werden. DaZ-Schüler haben oft nur einen begrenzten Wortschatz. Durch maschinelle Vorschläge können Wiederholungen vermieden werden.

Beispiel für Kopiervorlage:

RECHTSCHREIBUNG Fehlen Leerzeichen?	Wo beginnt und endet das Wort?
RECHTSCHREIBUNG Sind alle Buchstaben da? Stehen sie alle in der richtigen Reihenfolge?	Das Wort nochmals in Robotersprache laut vorlesen und überprüfen, ob alle Buchstaben da sind.
RECHTSCHREIBUNG Schreibt man dieses Wort groß?	Nomen (Gibt es einen Begleiter? Kann man einen Plural bilden?) schreibt man groß. Nach einem Schlusssatzzeichen schreibt man groß.
RECHTSCHREIBUNG Gibt es Vokale (Selbstlaute: „a", „e", „i", „o", „u")? Spricht man sie lang oder kurz aus?	lang: Dehnungs-„h", „e" nach „i" oder doppelter Vokal (Selbstlaut) kurz: doppelter Konsonant (Mitlaut)
RECHTSCHREIBUNG Fehlt auf einem „a", „o" oder „u" der Umlaut?	Die Wörter nochmals laut vorlesen und überlegen, ob sie einen Umlaut brauchen.
GRAMMATIK Ist der Satz komplett?	Den ganzen Satz laut vorlesen und überprüfen, ob am Ende des Satzes nicht noch etwas fehlt.
GRAMMATIK Stimmen das Subjekt und die Verbendung überein?	Subjekt im Singular: → Verbendung: „-e", „-st", „-t" Subjekt im Plural: → Verbendung: „-en", „-t", „-en"
GRAMMATIK Passt der Artikel?	Heißt es „der", „die", „das", „den" oder „dem"?
GRAMMATIK Stimmt die Endung am Adjektiv?	„-en", „-e", „-em", „-er"?

3.3 Vermessung der Welt

SG / S & K

> Die Schüler werden durch diese Methode angeregt, ihre Lebenswelt zu erkunden, indem sie Maße und Gewicht von Gegenständen aus ihrer Umwelt einschätzen und sie anschließend messen bzw. wiegen. DaZ-Schüler werden so motiviert, Wissen, das bereits in der L1 vorliegt, in der L2 auszudrücken.

 durch Arbeitsaufträge, die sich auf die Lebenswelt der Schüler außerhalb von Schule und Unterricht beziehen; Wissen und Wortschatz erweitern; Zahlen üben; Komparativ und Superlativ üben

 10 Minuten

 pro Schüler: vorbereitete Aufgaben; pro Klasse: mehrere Maßbänder, Waagen, Messbecher, Uhren

Durchführung:

- Die Schüler erhalten Aufgaben, die sie als Hausaufgabe bearbeiten.
- Sie notieren sich die Ergebnisse und vergleichen sie dann im Unterricht mit denen ihrer Mitschüler.

Aufgabenbeispiele:

- Schätzen: Was wiegt 1 000 g? Bringe einen Gegenstand mit in die Schule, der 1 000 g schwer ist.
- Vergleiche: Was ist höher: ein Bus oder ein Lkw?
- Superlative: Wer hat das leichteste / schwerste Fahrrad?

Hinweise / Stolperstellen:

- Der Umgang mit den Messinstrumenten muss im Unterricht eingeführt werden.
- Die Schüler sollen auch aufgefordert werden, über Vor- und Nachteile von Größe und Gewicht zu reflektieren: Ist ein großes Fahrrad schneller? Kommt ein kleiner Lkw besser durch enge Gassen?

Variation:

- Der Lehrer fordert die Schüler auf, gezielt auf Zahlen oder Mengenangaben in den Medien zu achten, z. B. auf Summen, die in den Nachrichten genannt werden (z. B. Staatsverschuldung, Arbeitslosenzahl etc.), oder auf Rekorde (z. B. die längste Bratwurst Deutschlands, der schnellste Läufer der Welt etc.) zu suchen.

3.4 Zahlenlotto

SG/S & K

> Beim Operieren mit Zahlen sind eine zielsprachliche Aussprache und Schreibung für DaZ-Schüler grundlegend. Spielerisch lassen sich diese üben. Diese Übung bietet sich besonders für Jugendliche an, die unsere Verschriftlichung der Zahlen nicht kennen.

 Zahlen verstehen und schreiben

 5 Minuten pro Tag, über 4 Wochen

 pro Schüler: 20 Spielpläne; 1 Behälter mit Zahlenkärtchen von 1–100 (laminierte kleine Vierecke), 1 Liste für teilnehmende Schüler

Durchführung:

- Jeder Schüler erhält 20 Zahlenlotto-Spielpläne.
- Zu Beginn jeder Mathematikstunde kreuzt jeder Schüler sechs Zahlen auf einem Spielplan an. Gegebenenfalls können auch mehr Zahlen angekreuzt werden, um die Übungsmöglichkeiten zu vergrößern.
- Der Lehrer holt einen Schüler nach vorne, der sechs Zahlenkärtchen aus dem Behälter zieht.
- Der Schüler diktiert die Zahlen.
- Die Schüler schreiben in Stillarbeit die diktierten Zahlen auf und kontrollieren auf dem Spielplan, ob sie diese Zahlen angekreuzt haben.
- Nun lesen einige Schüler ihre markierten Zahlen vor und üben so die Aussprache.
- Anschließend wird in einer Tabelle vermerkt, wie viele richtige Zahlen jeder Schüler hat.
- Am Ende der vier Wochen wird der Zahlenlotto-Sieger ermittelt.

Hinweise / Stolperstellen:

- Diese Methode bietet viele Gesprächsanlässe und ist aufgrund ihres Wettbewerbscharakters motivierend für die Schüler.
- Die Methode sollte zu Beginn des Spracherwerbs eingesetzt werden, da hier Basiswissen geübt wird.

Variation:

- Als Weiterentwicklung können auch die Grundrechenarten integriert werden. Der Lehrer gibt mündlich eine Aufgabe vor, die Schüler rechnen das Ergebnis aus und kreuzen es auf dem Ergebnisblatt an (Beispiel: 21 – 5 = 16, dann muss die Zahl 16 angekreuzt werden).

Beispiel für Kopiervorlage:

1	2	3	4	5	6	7	8	9	10
11	12	13	14	15	16	17	18	19	20
21	22	23	24	25	26	27	28	29	30
31	32	33	34	35	36	37	38	39	40
41	42	43	44	45	46	47	48	49	50
51	52	53	54	55	56	57	58	59	60
61	62	63	64	65	66	67	68	69	70
71	72	73	74	75	76	77	78	79	80
81	82	83	84	85	86	87	88	89	90
91	92	93	94	95	96	97	98	99	100

Zahlenlotto-Spielplan

	eine Zahl richtig	zwei Zahlen richtig	drei Zahlen richtig	vier Zahlen richtig	fünf Zahlen richtig	sechs Zahlen richtig
Schüler 1						
Schüler 2						
Schüler 3						

Tabelle

Durchführen

3.5 Wer bin ich?

L & A / BK / SG

Durch geschicktes Nachfragen muss jeder Schüler herausfinden, wer er ist bzw. welcher Begriff gesucht wird. So entsteht ein Sprech- und Bewegungsanlass, bei dem Fragetechniken geübt werden.

Fragetechniken verbessern; bekannte Nomen wiederholen; Sprechanlässe schaffen

20 Minuten

mehrere selbstklebende Notizzettel oder Kreppband

Durchführung:

- Jeder Schüler schreibt den zu erratenden Begriff auf und bringt ihn bei einem Mitschüler so an, dass alle bis auf letzteren den Begriff lesen können.
- Anschließend gehen die Schüler reihum durch den Raum und stellen sich gegenseitig Fragen, die nur mit „ja" oder „nein" beantwortet werden dürfen (W-Fragen sind verboten).
- Wird die Frage mit „ja" beantwortet, darf der Schüler weitere Fragen stellen. Bei der Antwort „nein" ist der Partner mit Fragen an der Reihe, bis wieder ein „nein" fällt.
- Anschließend suchen sich die Schüler einen anderen Fragepartner.
- Gewinner ist der Schüler, der zuerst den gesuchten Begriff erraten hat.
- Hat ein Schüler bei fünf aufeinanderfolgenden Fragen ein „nein" als Antwort erhalten, kann der Lehrer ihm einen Tipp geben.
- Hat ein Schüler seinen Begriff durch geschicktes Fragen schnell erraten, erhält er vom Lehrer einen neuen.
- Die Übung wird nach zwanzig Minuten beendet.

Aufgabenbeispiele:

- Jeder Schüler wählt einen Beruf, schreibt diesen auf das Kreppband und klebt ihn auf die Stirn eines anderen Schülers. Nun versucht der Schüler, seinen Beruf (z. B. „Erzieher") durch Fragen herauszufinden: „Arbeite ich mit Menschen?" Die Antwort lautet „ja", weshalb eine weitere Frage gestellt werden kann: „Wo arbeite ich?" Diese Frage ist keine Informationsfrage und darf nicht beantwortet werden. Fragender und antwortender Schüler tauschen die Rollen, bis die erste Nein-Antwort fällt.
Anschließend suchen sich beide Schüler so lange neue Gesprächspartner, bis der eigene Beruf gefunden wurde.
- Weitere Beispiele können folgenden Kategorien entstammen: Erfinder, Maschinen / Geräte, Länder, Tiere.

Hinweise / Stolperstellen:

- Sinnvoll ist es, Spiegel im Klassenzimmer zu verhängen.
- Für die Übung wird Platz benötigt, damit die Schüler sich frei bewegen können.
- Der Lehrer achtet darauf, dass die Schüler bekannte Nomen verwenden sowie möglichst komplette Fragesätze stellen.
- Haben die Schüler es nicht geschafft, ihren Begriff zu erfragen, sollte im Anschluss an die Übung nach dem Grund dafür geforscht werden. Nur so kann sich ein Lernfortschritt einstellen. (Zu schwerer Begriff? Falsche Fragetechnik? Etc.)

Variation:

- Alternativ kann auch jeweils ein Zweierteam zusammen einen Begriff finden bzw. erhalten. Die Schüler können sich dann gegenseitig unterstützen.
- Die Schüler können die Begriffe auch auf Kärtchen notieren, die zunächst vom Lehrer eingesammelt und kontrolliert werden. Jeder Schüler zieht anschließend ein Kärtchen aus einem Behälter und klebt es auf die Stirn eines Mitschülers.
- Mit steigendem Sprachniveau der Schüler können die Begriffe abstrakter werden, z. B. „Winter", „Liebe", „Freude" etc.
- Anstatt der Wortkarten kann der Lehrer auch Bildkarten vorbereiten.
- Als Hilfestellung eignen sich Standardfragen zur Kategorisierung, beispielsweise im Bereich „Berufe": Ist das ein Ausbildungsberuf? Gehört er zum produzierenden Gewerbe? Zum Berufsfeld Gastronomie?
  Als Grundlage hierfür können Diagramme, die z. B. im Klassenzimmer aushängen, genutzt werden.

Durchführen

3.6 Fotoreportage

S & K / SG

> Eine Fotoreportage zu erstellen, hilft den Schülern dabei, einen Erlebnisaufsatz zu erarbeiten. Durch den Einsatz von modernen Medien (Smartphone) erleben DaZ-Schüler, dass sie bereits über alle Mittel verfügen, um eine Geschichte entwickeln und herstellen zu können. Die abschließende Präsentation und der Vergleich mit anderen Gruppen fördern das sprachliche Ausdrucksvermögen.

 Text zu Bildern erstellen; Perspektiven unterschiedlicher Figuren darstellen; Erlebniserzählung anbahnen

 360 Minuten

 pro Gruppe: 1 Fotoapparat / Smartphone, Plakate; Computer mit Drucker, Fotopapier

Durchführung:

- Die Schüler bilden Gruppen.
- Alle Gruppen erhalten den gleichen Arbeitsauftrag.
- Als Thema wird ein relevantes, authentisches Thema aus dem Erfahrungsbereich der Schüler ausgewählt.
- Bevor die Schüler einen Text zu dem vorgegebenen Thema konzipieren, überlegen sie, welches Ziel sie mit dem Text erreichen wollen. Erst dann legen sie die Figuren sowie deren Einstellungen fest.
- Der Lehrer überprüft das Drehbuch auf Machbarkeit und Tauglichkeit.
- Die Schüler teilen die Rollen auf und besprechen deren detaillierte Ausgestaltung; wichtig ist hierbei die Überlegung, was geschrieben und was gesprochen wird.
- Der Ablauf der Handlung und die Abfolge der einzelnen Fotos werden festgelegt.
- Die Fotos werden gemacht, ausgedruckt, auf ein Plakat geklebt und mit Sprech- / Gedankenblasen versehen.
- Die Schüler füllen die Sprech- / Gedankenblasen und ergänzen zusätzlichen Text, der zum Verstehen der Geschichte notwendig ist.
- Die Gruppen präsentieren ihre Fotoreportagen dem Klassenplenum.

Aufgabenbeispiele:

- Thema: „Stelle einen Tag in deiner Klasse vor!"
  Die Schüler überlegen sich, wie sie einen Tag im Leben eines Schülers an ihrer Klasse darstellen können. Schwerpunkt ist dabei der Unterricht in den verschiedenen Fächern, die Nutzung der unterschiedlichen Fachräume und der Ablauf der Pause sowie sonstige schulische Aktivitäten. Dabei sollen die Gedanken und Aussagen des fiktiven Schülers dargestellt werden und Dialoge mit Mitschülern entwickelt werden.

- Thema: „Ein Partyabend in der Jugendfreizeitstätte"
  Dieses Thema steht in direktem Bezug zur Lebenswirklichkeit der Schüler. Die Räumlichkeiten und die Funktion einer Jugendfreizeitstätte können in die Handlung eingebunden werden. Zahlreiche Möglichkeiten für Dialoge entstehen und können ausgestaltet werden.
- Thema: „Ein Tag in einem Betrieb"
  Beherrschen die Schüler die Vorgehensweise schon gut, dann kann diese Methode auch im Bereich „Berufsorientierung" eingesetzt werden (Tätigkeiten und Interview mit Mitarbeitern und Meister, s. auch Methode 2.3 Experteninterview).

Hinweise / Stolperstellen:

- Wichtig ist, dass die Schüler im Vorfeld anhand eines Comics den Unterschied zwischen Sprechblasen, Gedankenblasen und zusätzlichem Erklärtext verstehen.
- Der Unterschied zwischen gesprochener und geschriebener Sprache kann hier deutlich gemacht werden.
- Dieses Projekt kann fächerübergreifend mit Kunst und Deutsch durchgeführt werden.

Variation:

- Als Heranführung an die Textsorte „Comic" können auch fertige Comics gewählt werden. Die Schüler ändern dann nur den Text in den Sprechblasen.
- Ein Comic kann auch zu einem Hörspiel weiterentwickelt werden, indem man den Text der Sprechblasen auf Ton aufnimmt.
- Alternativ kann die Fotoreportage auch rein digital produziert und anschließend präsentiert werden.

3.7 Meine Sprachlernmappe

BK / SG / L & A

> Eine Sprachlernmappe ist eine Sammlung von Dokumenten, die unter aktiver Beteiligung des einzelnen Schülers entsteht und die Einblick in Lernprozess und -ergebnis gewährt. Jeder Schüler wählt gemäß seinem individuellen Lernstand Unterrichtsmaterialien aus, die der Lehrer vorbereitet hat, und bearbeitet sie in seinem Tempo. Dabei werden nicht nur der individuelle Lernstand berücksichtigt, sondern auch die Interessensgebiete der einzelnen Schüler.

 Selbstständigkeit und Eigenverantwortung stärken; Lernentwicklung dokumentieren

 individuell

 pro Schüler: vorbereitete Arbeitsblätter, 1 vorbereitetes Lernprotokoll, 1 Ordner

Durchführung:

- Zuerst erhebt der Lehrer den Ist-Zustand. Betrifft das den Spracherwerb, so kann dies mithilfe eines informellen Sprachstandstestes erfolgen, der wichtige Begriffe abprüft, die für das jeweilige Lerngebiet wichtig sind. Hat der Lerner hier Lücken, so gibt das dem Lehrer einen Hinweis darauf, welche Begriffe und Strukturen individuell eingeführt und wiederholt werden müssen.
- Daraus wird dann ein Förderplan entwickelt, in dem die identifizierten Förderschwerpunkte bearbeitet werden; schwerpunktmäßig werden Lesekompetenz und Schreibprozesse gefördert.
- An einem fest vereinbarten Ort im Klassenzimmer stellt der Lehrer den Schülern umfangreiches Arbeitsmaterial zur Verfügung.
- Die erledigten Arbeiten werden dann in der Sprachlernmappe gesammelt.
- In einem Lernprotokoll trägt der Schüler ein, welche Arbeitsaufträge er erledigt hat, lässt diese vom Lehrer kontrollieren und erhält Feedback.
- Der Schüler erhält so einen Überblick über seine Leistungen und erlebt seine wachsende Kompetenz beim Umgang mit Sprache.

Aufgabenbeispiele:

- Mathematik: Beim Üben von Textaufgaben kann mit zunehmendem Schwierigkeitsgrad individuell gearbeitet und sprachliche Schwierigkeiten können isoliert geübt werden, beispielsweise der Einsatz von Pronomen, die eine verweisende Funktion haben oder die Verwendung von mathematischen Fachbegriffen (Beispiel: „Multiplikation", „Nullpunkt", ...).
- Deutsch: Die Methode ist in jedem Bereich des Faches einsetzbar (z. B. Arbeit an bestimmten Tempusformen, Kasusendungen, komplexere Syntaxstrukturen, ...).

Hinweise / Stolperstellen:

- Feedbackgespräche mit dem Lehrer sind unerlässlich; feste Termine dafür steigern die Verbindlichkeit des Gesprächs.
- Die Schüler erleben sich als selbstständig arbeitende Lerner; sie arbeiten an ihrem selbst organisierten Lernfortschritt.
- Diese Methode dient auch der Anbahnung von projektorientiertem Arbeiten, da ein hohes Maß an Selbststeuerung erforderlich ist.

Variation:

- Auch der Einsatz von Online-Lernverfahren kann in einem Portfolioordner dokumentiert werden, indem man Aktivitätenprotokolle ausdruckt.
- Diese Methode eignet sich auch zum Einsatz im sprachsensiblen praktischen Fachunterricht, da an den fachlichen Inhalten gearbeitet wird und gleichzeitig die dazu nötigen sprachlichen Mittel gefördert werden.

4.1 Lernplakat

SG / BK / L & A

Ein Lernplakat fasst die wesentlichen Inhalte bzw. Lernergebnisse einer Unterrichtssequenz oder eines Themas übersichtlich zusammen. Die Schüler üben, Informationen auszuwählen und präzise zu formulieren. Die Methode hilft DaZ-Schülern beim Verstehen und Behalten neuer Unterrichtsinhalte, da sie eigenständig eine strukturierte Zusammenfassung erstellen. Im Klassenzimmer aufgehängte Lernplakate, beispielsweise zu grammatikalischen Phänomenen, können auch als unauffällige „Spicker" bei der Formulierung von Unterrichtsbeiträgen helfen.

 zentrale Inhalte zusammenfassen und sichtbar machen

 20 Minuten

 Schul- und Fachbücher, Lexika, ggf. Computer mit Internetzugang; pro Gruppe: 1 Plakat, Stifte, Kärtchen, 1 Kleber, 1 Schere

Durchführung:

- Die Schüler finden sich in Gruppen mit maximal sieben Personen zusammen.
- Sie besorgen die erforderlichen Materialien für den Inhalt des Lernplakats (Informations- und Arbeitsblätter, Tafelbilder, Schul- und Fachbücher, Lexika, gegebenenfalls Internetrecherche etc.) und Utensilien für die optische Gestaltung (Schere, Kleber, Stifte, Kärtchen, Symbole etc.).
- Die Schüler einigen sich auf die zentralen Punkte, die für das Plakat wichtig sind und wählen eine aussagekräftige Überschrift. Sie überlegen sich, wie das Plakat gestaltet werden muss, damit es für die ganze Klasse als Lernhilfe dienen kann.
- Gemeinsam fertigen die Schüler nun eine Skizze des Lernplakats an.
- Der Entwurf wird im Team geprüft und gegebenenfalls überarbeitet.
- Die Arbeitsgruppe erstellt das Lernplakat auf Grundlage der überarbeiteten Skizze.
- Nach Fertigstellung des Plakats wird es den Mitschülern präsentiert und diese geben konstruktives Feedback.

Aufgabenbeispiele:

- Deutsch: Grammatikalische Phänomene werden auf einem Lernplakat dargestellt.
- Naturwissenschaften: Versuche werden fixiert und visualisiert.
- Politik / Sozialkunde: nachfolgend ein Beispiel zum Thema „Das Prinzip der Gewaltenteilung":

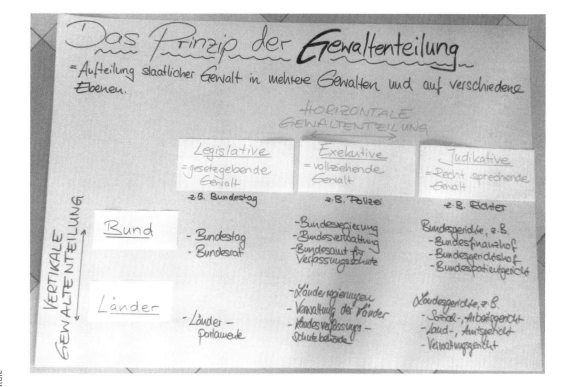

Hinweise / Stolperstellen:

- Um ein Lernplakat zu erstellen, müssen sich die Schüler intensiv mit dem Thema auseinandergesetzt haben.
- Vorab sollte gemeinsam erarbeitet werden, wie man ein aussagekräftiges und anschauliches Plakat gestaltet.
- Eine Grammatikinformationskarte zum Thema „Nominalisierung" hilft den Schülern, das Lernplakat zu erstellen.

Variation:

- Je nach Unterrichtsinhalt kann die Gruppenarbeit arbeitsgleich oder arbeitsteilig stattfinden.
- Bei sehr komplexen Themen oder leistungsschwachen Lerngruppen empfiehlt sich ein vorstrukturiertes Lernplakat.

Präsentieren

4.2 Pecha Kucha   SG

Die Methode Pecha Kucha stammt aus dem Japanischen. Der lautmalerische Begriff bezeichnet das Geräusch vieler Menschen, die gleichzeitig reden. Es handelt sich um ein Vortragsformat mit strikten Vorgaben. Vor allem die starke Verbindung zwischen thematisch passenden Bildern und der mündlichen Ausformulierung der Präsentation hilft den DaZ-Schülern, schrittweise einen freien Vortrag einzuüben. Jeder kann seine Ergebnisse unabhängig von seinem Sprachstand präsentieren und Anerkennung von seinen Mitschülern bekommen.

 PowerPoint-Präsentation gestalten; einen freien Vortrag halten

 6 Minuten und 40 Sekunden (je Vortrag)

 thematisch passende Materialien; pro Schüler: 1 Computer mit PowerPoint-Programm und Internetzugang

Durchführung:

- Der Lehrer gibt durch einen Impuls oder ein Szenario das Thema vor. Im Idealfall entwickeln Lehrer und Schüler das Thema gemeinsam.
- Die Schüler informieren sich mithilfe der bereitgestellten Materialien und einer Internetrecherche.
- Jeder Schüler wählt 20 thematisch passende Bilder im Internet aus und bereitet entsprechend den Pecha-Kucha-Regeln einen freien Vortrag vor:
  - Bilder: Ein Pecha-Kucha-Vortrag besteht aus 20 Bildern. Jede PowerPoint-Folie enthält nur ein Bild. Die Reihenfolge der Folien wird vorab vom Referenten festgelegt.
  - Zeit: Jedes Bild wird exakt 20 Sekunden lang gezeigt. Die Bilder wechseln automatisch, sodass der Vortragende keinen Einfluss darauf hat.
- Die Schüler präsentieren ihre Kurzvorträge und die Mitschüler geben konstruktives Feedback.

Aufgabenbeispiele:

- Referate, die über das Schuljahr verteilt gehalten werden, erhalten durch die Pecha-Kucha-Methode klare Vorgaben und einen strikten zeitlichen Rahmen. Gerade in Berufsschulen bietet es sich im Deutsch- und Fachunterricht an, die Schülerreferate thematisch aus ihrem Berufsfeld entsprechend der Pecha-Kucha-Methode konzipieren zu lassen.
- Nachfolgend Ausschnitte aus einem Vortrag zum Thema „Umweltschutz" im Fach Politik / Sozialkunde:

Hinweise / Stolperstellen:

- Die Schüler müssen im Vorfeld mit den grundlegenden Funktionen von PowerPoint vertraut sein, ebenso ist ein Internetzugang zur Recherche des Bildmaterials erforderlich.
- Vor allem DaZ-Schüler brauchen beim ersten Referatsversuch als Unterstützung einen vorab erstellten Notizzettel.

Variation:

- Natürlich können die Anzahl der Bilder sowie die Präsentationszeit beliebig variiert werden.
- Bei DaZ-Schülern empfiehlt sich anfangs Gruppenarbeit statt Einzelarbeit: Die Bilder werden in der Gruppe ausgewählt und besprochen. Jedes Gruppenmitglied ist dann für eine bestimmte Anzahl von Bildern zuständig und verfasst dazu Notizen, auf die man während des Vortrags zurückgreifen kann.

4.3 Bilderrallye

BK / SG / L & A / S & K

> Mithilfe von Bildern oder Karikaturen können Schüler ein Thema erschließen bzw. dazu hingeführt werden. Dabei helfen bereits vorhandene Assoziationen und Erfahrungen. Durch das anschließende Präsentieren und Visualisieren der Ergebnisse entstehen für die DaZ-Schüler Rede- oder Schreibanlässe.

 Vorkenntnisse und Erfahrungen aktivieren; Rede- und Schreibanlässe schaffen; Wortschatz wiederholen und erweitern; Ergebnisse präsentieren

 30 – 60 Minuten

 pro Station: 1 Bild / Karikatur mit vorbereiteten Leitfragen zu einem Thema

Durchführung:

- Die Klasse wird in gleich große Gruppen (max. Fünfergruppen) aufgeteilt.
- Pro Station werden ein Bild / eine Karikatur sowie die vorbereiteten Leitfragen ausgelegt.
- Die Bilderrallye wird in drei Stufen unterteilt:
  - Bei <u>Stufe 1</u> wird der spontane Eindruck, die Wirkung oder die Assoziation, die Schüler mit dem Bild in Verbindung bringen, aufgenommen. Die Schüler beantworten jeder für sich die Leitfragen.
  - Nach Ablauf der Zeit rotieren die Gruppen im Uhrzeigersinn zum nächsten Bild.
  - Bei <u>Stufe 2</u> sind die Schüler gefordert, sich näher mit dem Bild / der Karikatur auseinanderzusetzen. Dabei wird jeder Gruppe ein Bild / eine Karikatur zugelost.
  - Die in Stufe 1 einzeln beantworteten Leitfragen werden nun in der Gruppe besprochen und bearbeitet.
  - In <u>Stufe 3</u> präsentiert jede Gruppe ihre Ergebnisse. Wie diese Präsentation im Einzelnen aussieht, legt der Lehrer fest. Bei fortgeschrittenen Schülern kann die Präsentationsform selbst gewählt werden (Mindmap, Plakat, Grafiken etc.).

Aufgabenbeispiele:

- Thema der Stunde: „Typisch deutsch?"
  Eine Klasse mit 20 Schülern wird in vier Fünfergruppen aufgeteilt. An jeder Station liegt ein Bild zum Thema „Typisch deutsch?":

1. Ein Mann mit seinem Hund
2. Paragrafen
3. Eine Uhr
4. Eine Familie mit einem Kind

Präsentieren

Die Schüler beantworten die Leitfragen und machen sich Notizen.
Diese könnten sein:

> *Was ist an dem Bild „typisch deutsch?"*
> *Welche Erfahrungen hast du damit gesammelt?*
> *Haben sich für dich Probleme ergeben?*
> *Wie hast du sie gelöst?*
> *Finde für das Bild eine passende Überschrift.*

In der Gruppe werden gemeinsam die Ergebnisse zusammengetragen.
- Weitere Beispiele:
  - Biologie: Thema „Sinnesorgane"
    Fünf Gruppen: 1. sehen, 2. hören, 3. riechen, 4. schmecken, 5. tasten
  - Politik/Sozialkunde: Thema „Die Grundrechte"
    Fünf Gruppen: 1. Schutz der Menschenwürde, 2. freie Entfaltung der Persönlichkeit, 3. Gleichberechtigung, 4. Religionsfreiheit, 5. freie Meinungsäußerung

Hinweise / Stolperstellen:

- Die Zeit, die für die Beantwortung der Leitfragen zur Verfügung gestellt wird, ist stark abhängig vom Leistungsniveau der Schüler und muss entsprechend angepasst werden.
- Bei der Präsentation soll grundsätzlich jeder Schüler einen Redeanteil übernehmen.
- Manchmal ist es jedoch nicht sinnvoll, die Präsentationsteile eines Themas auf alle Gruppenmitglieder aufzuteilen. Daher empfiehlt es sich, bei der Bilderrallye feste Gruppen zu bilden, die über das Schuljahr hinweg mehrere Themen bearbeiten. So kann jeder Schüler einmal präsentieren.

Variation:

- Leistungsschwächere Schüler können bei der Präsentation auch „nur" beschreiben, was sie auf dem Bild sehen. Zur Not ist auch das Vorstellen von Stichwörtern zum Bild/zur Karikatur möglich. Dabei gilt es, auf die Rechtschreibung zu achten (Duden als Hilfe zur Verfügung stellen).
- Gehören die Bilder/Karikaturen der Einzelgruppen zu einem Themenkomplex, werden im nächsten Schritt die einzelnen Bilder in Beziehung gebracht, Zusammenhänge geklärt oder Widersprüche diskutiert.

4.4 Radiobeitrag

S & K / BK

> Die Schüler bereiten einen Radiobeitrag vor. Hierzu verfassen sie ein Skript, nehmen den Beitrag auf und präsentieren ihn. Unabhängig vom individuellen Sprachstand üben sie dabei, welche Informationen sie für einen Bericht nutzen können und wie sie diese formulieren.

wichtige Informationen von weniger wichtigen unterscheiden und in einem Bericht zusammenstellen; sprachliche und mediale Besonderheiten von Radiosendungen kennenlernen

40 Minuten

pro Gruppe: 1 Block, 1 Aufnahmegeräte (z. B. Laptop mit Mikrofon, Smartphone)

Durchführung:

- Die Schüler überlegen, welche Themen / Ereignisse sich für einen Radiobeitrag eignen.
- Es werden Gruppen zu je fünf bis sechs Schülern gebildet. Jede Gruppe übernimmt ein anderes (Teil-)Thema.
- Die Gruppen notieren, welche Informationen in ihrem Beitrag gegeben werden sollen, und sortieren sie nach Wichtigkeit.
- Dann erstellen sie ein Skript für den Radiobeitrag.
- Das Skript wird innerhalb der Gruppe auf verschiedene Sprecher aufgeteilt. Jeder Sprecher übt, seinen Textabschnitt fehlerfrei und deutlich vorzulesen.
- Vor der Probeaufnahme überlegen die Schüler, was bei der Aufnahme eines Radiobeitrags wichtig ist. Mit der Probeaufnahme prüfen die Schüler, ob sie deutlich sprechen, und üben gegebenenfalls noch einmal. Da der Radiobeitrag von verschiedenen Sprechern aufgenommen wird, achten die Schüler darauf, dass alle in etwa gleich laut sprechen.
- Schließlich präsentieren sie ihre finale Radioaufnahme in der Klasse und – wenn möglich – in Parallelklassen.

Aufgabenbeispiel:

- Ein Radiobeitrag kann zu einer Projektwoche, einem Aufenthalt im Schullandheim oder zu Sportveranstaltungen (Bundesjugendspiele, Spendenlauf) konzipiert werden.

Hinweise / Stolperstellen:

- Die Thematik der Beiträge und ihre Komplexität kann je nach Interesse und Sprachvermögen der Schüler gesteigert werden.
- Als Einstieg in die Methode bietet sich eine Mindmap zum Thema an. Dazu wird das Wort „Radio" groß in die Mitte der Tafel geschrieben und die Mindmap gemeinsam erstellt. Anschließend übertragen die Schüler die Mindmap in ihr Heft und ergänzen eigene Ideen.
- Zusätzlich sollten einige Kriterien erarbeitet werden, die einen guten Radiobeitrag auszeichnen, z. B. wichtige Informationen wie Ort, Zeit und Anzahl der beteiligten Personen zusammenfassen, deutlich sprechen, Abwechslung durch verschiedene Sprecher oder Interviews einbringen etc. Diese Kriterien können anhand der Erfahrungen der Schüler oder anhand von Hörbeispielen erarbeitet werden.

Variation:

- Interviewfragen beleben einen Radiobeitrag. Die Schüler denken sich passende Fragen aus, z. B. „Was hat dir in der Bäckerei am besten gefallen?", „Welche Kekse haben dir am besten geschmeckt?". Auf diese Weise kombinieren sie Text, der vom Skript abgelesen wird, mit vorbereiteten Fragen und den spontanen Antworten ihrer Mitschüler.
- Wenn die Schüler mit der Methode vertraut(-er) sind, können sie schon im Voraus einzelne Aufnahmen für den Radiobeitrag planen, wie zum Beispiel Interviews mit dem Hausmeister des Schullandheims oder den Siegern der verschiedenen Disziplinen bei den Bundesjugendspielen.
- In Verbindung mit einer Präsentation kann eine Jury gebildet werden, die den besten Beitrag auswählt. Hierfür können weitere Redemittel gegeben werden: „Ich halte diesen Beitrag für …", „Meiner Meinung nach …" Etc.

5.1 Positionslinie SG / BK

Mithilfe einer Positionslinie werden die Meinungen innerhalb einer Gruppe verdeutlicht. Die Schüler zeigen ihre Ansicht zu einem Thema anhand der bewussten Positionierung entlang einer reellen oder imaginären Linie im Klassenzimmer und begründen diese. Die beiden Endpunkte sind als zwei konträre Standpunkte oder Aussagen festgelegt. Die Schüler äußern ihre Meinung und üben dadurch das Formulieren einer Begründung zu einem vorab behandelten Thema. Diese Methode hilft insbesondere DaZ-Schülern, ungehemmt ihre Meinung zu äußern.

  seine Meinung begründet äußern

  15–20 Minuten

  1 Malerband oder 1 Schnur, 3 Wortkarten mit den Aufschriften „unentschieden", „ja" und „nein"

Durchführung:

- Der Lehrer präsentiert die Streitfrage bzw. kritische Aussage, die sich idealerweise aus dem vorherigen Unterrichtsverlauf ergibt.
- Die Schüler werden nach einer kurzen Bedenkzeit aufgefordert, sich entsprechend ihrer Meinung entlang der vorab angebrachten Linie zu positionieren.
  In der Mitte der Schnur bzw. des Malerbands befindet sich die Wortkarte mit der Aufschrift „unentschieden", an den beiden Enden sind die „ja"- und „nein"-Positionen verortet.
- Nachdem sich die Schüler entsprechend ihrer persönlichen Meinung positioniert haben, werden sie aufgefordert, ihre Standortwahl entlang der Positionslinie zu begründen.

Aufgabenbeispiele:

- Die Methode Positionslinie kann in den Fächern Politik/Sozialkunde, Wirtschaft/Recht, Religion, Ethik, Erdkunde oder im Fachunterricht der Berufsschule eingesetzt werden, hierzu einige Beispiele:
  - „Hat der Kraftstoff Diesel eine Zukunft?"
  - „Weizen zum Heizen?"
  - „Autonomes Fahren – brauchen wir noch eine Führerscheinprüfung?"
  - „Arbeiten bis 69 – ist das Anheben des Renteneintrittsalters sinnvoll?"

Hinweise / Stolperstellen:

- Es ist sinnvoll, den Inhalt und gegebenenfalls auch den (Fach-)Wortschatz des Themas vorab zu wiederholen. Dies kann in Form eines Brainstormings entsprechend der Think-Pair-Share-Methode erfolgen. Idealerweise werden die Ergebnisse des Brainstormings an der Tafel festgehalten, sodass die Inhalte im weiteren Unterrichtsverlauf als „Spickzettel" dienen.
- Einleitende Phrasen für die Begründung (z. B. „Ich bin der Meinung, dass ..." Etc.), kausale Konjunktionen (z. B. „weil") und der korrekte Satzbau (Haupt- und Nebensätze) können in Form einer integrierten Grammatik vor allem für DaZ-Schüler an dieser Stelle eine wertvolle Hilfestellung sein.
- Wichtig ist, dass jeder Schüler kurz zu Wort kommt und auf eine positive Fehlerkultur geachtet wird.

Variation:

- Es bietet sich an, die Positionslinie zu einer Streitlinie weiterzuentwickeln, falls sich die Schüler sehr konträr positionieren (vgl. hierzu Methode 5.2 Streitlinie).

Bewerten und reflektieren

5.2 Streitlinie — SG / BK

Die Streitlinie ist eine Erweiterung der Methode Positionslinie (5.1) um eine Pro- und Kontra-Diskussion. Die Schüler sollen zusätzlich zur Positionierung entlang einer Linie kontrovers diskutieren, ihre eigene Meinung reflektieren und gegebenenfalls relativieren. Die Bausteine einer gelungenen Argumentation (Behauptung, Begründung und Beispiel) werden erprobt und gefestigt, die Schüler hören aktiv zu und gehen auf die Argumente ihrer Mitschüler ein. Das freie Sprechen vor einer Gruppe findet in einem ungezwungenen Rahmen statt. DaZ-Schüler profitieren vor allem durch die schrittweise und spielerische Hinführung zur Diskussion.

 seine Meinung begründet äußern; ein Thema diskutieren und die eigene Meinung reflektieren

 30 Minuten

 1 Malerband oder 1 Schnur, 3 Wortkarten mit den Aufschriften „unentschieden", „ja" und „nein"

Durchführung:

- Positionieren: Die Schüler positionieren sich entlang der Linie, wie in 5.1 beschrieben. Durch ihren Abstand zur Linienmitte drücken sie den Grad an Übereinstimmung mit der Streitfrage, These oder kritischen Aussage aus.
- Argumentieren: Ähnlich wie bei der Positionslinie werden die Schüler nun aufgefordert, ihre gewählte Position bzw. ihren Standpunkt zur Streitfrage zu begründen. Ziel ist es, die Mitschüler mit Argumenten zu überzeugen.
- Reflektieren: Nachdem die einzelnen Argumente vorgetragen wurden, haben die Schüler die Möglichkeit, ihre Position zu ändern, was sie dann aber auch begründen müssen.

Aufgabenbeispiele:

- „Medienpolizei: Soll Facebook erst für Nutzer ab 16 Jahren erlaubt sein?"
- „Shopping around the clock: Sollen Geschäfte 24 Stunden geöffnet bleiben?"
- „Essenssteuer: Sollen ungesunde Lebensmittel höher besteuert werden?"

Hinweise / Stolperstellen:

- Die Auswahl und Formulierung des Streitthemas ist die Basis einer gelungenen Diskussion. Dementsprechend darf die Entscheidungsfrage keine Geschmackssache oder Privatangelegenheit sein, sondern muss kontrovers diskutierbar sein.
- Das ausgewählte Thema ist motivierend zu formulieren, um möglichst viele Schüler anzusprechen und zum Diskutieren aufzufordern.
- Beim erstmaligen Einsatz der Methode ist es sinnvoll, vorab eine Positionslinie (vgl. Methode 5.1) durchzuführen. Sie bereitet auf die anspruchsvollere Streitlinie vor.
- Die Bausteine eines Arguments, nämlich Behauptung, Begründung und Beispiel, müssen den Schülern bekannt sein.

Variation:

- Wenn die Streitlinie auf eine Positionslinie folgt, kann eine Schreibphase zwischen den beiden Methoden integriert werden. Dazu finden sich die Schüler in kleinen Gruppen zusammen und bereiten die anschließende Diskussion schriftlich vor. Auf diese Weise wird die ursprünglich stark mündlich orientierte Methode um die Einübung schriftsprachlicher Fertigkeiten ergänzt.
- Alternativ debattiert nur eine kleine Schülergruppe entlang der Streitlinie. Die Mitschüler haben einen Beobachtungsbogen, beispielsweise zu den Kriterien „Inhalt" und „Sprache", und geben konstruktives Feedback zur Diskussion.

5.3 Baumeister

BK / SG / L & A

Diese Methode will DaZ-Schüler dazu anregen, bildreich und genau zu beschreiben. Gleichzeitig werden das aktive Zuhören, die deutliche Aussprache und die Präpositionen geschult. Ohne Blickkontakt soll ein „Puzzle" allein aufgrund der Anweisungen des Mitschülers zusammengelegt werden. Eine korrekte und deutliche Aussprache sowie präzise Beschreibungen helfen den DaZ-Schülern, Kommunikationsprobleme zu umgehen.

 eine korrekte und deutliche Aussprache üben; bildreich und genau beschreiben; aktiv zuhören; Präpositionen richtig anwenden

 10–45 Minuten

 pro Schülerpaar: geometrische Figuren zum Legen aus Papier, Holz oder Plastik, 1 vorbereitete Vorlage

Durchführung:

- Jedes Schülerpaar erhält die Figuren. Die Schüler sitzen sich gegenüber oder nebeneinander.
- Der „Baumeister" bekommt die Vorlage, nach der gelegt/gebaut werden soll.
- Der „Baumeister" versucht, dem „Leger" rein verbal und ohne Gesten die Zielfigur zu beschreiben.
- Anhand dieser Beschreibung soll der Leger die Figur zusammensetzen.
- Der Baumeister passt gegebenenfalls seine Formulierungen an, wenn ersichtlich wird, dass diese nicht genau genug sind.
- Die Runde wird nach der vorgegebenen Zeit beendet. Vorlage und Ergebnis werden im Anschluss abgeglichen und besprochen, warum eine Figur gelungen oder misslungen ist.
- Nun tauschen die Schüler ihre Rollen.

Aufgabenbeispiel:

- Folgende Zielfigur soll gelegt werden:
- Der Baumeister beschreibt die Figur, z. B. so: „Die Figur sieht aus wie eine Rakete, die von unten nach oben fliegt. Du nimmst das schwarze Dreieck und legst es so, dass eine Spitze nach oben zeigt. Unter die waagrechte Seite legst du das dunkelgraue und das hellgraue Dreieck an, und zwar so, dass ... Das rechte Dreieck ist dunkelgrau, das linke Dreieck ist hellgrau. Unten ..."
- Eine Rückfrage könnte sein: „Habe ich das richtig verstanden? Das rechte Dreieck ist dunkelgrau, das linke Dreieck ist hellgrau?"

Bewerten und reflektieren

- Führt eine Beschreibung ins Leere, muss sie präzisiert werden. So wird beispielsweise „oben" und „unten" durch „links", „rechts" oder „vorne" und „hinten" ersetzt.
- Am Ende werden Ergebnis und Vorlage miteinander verglichen. Bei Abweichungen gilt es herauszufinden, wie sie zustande gekommen sind.

Hinweise / Stolperstellen:

- Eine erste Hilfestellung für den „Leger" kann eine allgemeine Beschreibung der Zielfigur bieten, z. B.: „Die Figur sieht aus wie ein Haus."
- Die Präpositionen und die geometrischen Figuren sollten den Schülern geläufig sein.

Variation:

- Die Schüler können die Vorlagen auch selbst kreieren. Je schwerer die Figur, desto anspruchsvoller fällt auch die Beschreibung aus. Dies haben die Schüler daher selbst in der Hand.
- Um die Aufgabe leichter zu machen, kann der Leger Rückfragen stellen. Verboten bleibt die Frage „So?".
- Um die Anforderung zu steigern, kann die Anzahl der Sätze (die Textlänge) beschränkt werden. Dadurch werden die Schüler gezwungen, genauer zu beschreiben bzw. zuzuhören.
- Sitzen die Schüler bei der Beschreibung ohne Blickkontakt Rücken an Rücken, steigt das Anforderungsniveau. Der Leger muss genauer hinhören, da er nicht explizit angesprochen wird.
- Alternativ können farbige Holzbauklötze oder LEGO®-Steine verwendet werden, um dreidimensionale Körper zu bauen.
- Der Leger kann die Figur auch nur zeichnen, statt sie zu legen.
- Grundsätzlich funktioniert das Baumeisterspiel auch in Vierergruppen (zwei Baumeister / zwei Leger). Dabei lassen sich gruppentechnische Prozesse beobachten, da jeder Leger unterschiedliche Vorstellungen von der Figur hat. Wichtig ist im Anschluss an die Übung, über die verschiedenen Vorstellungen zu reflektieren.

5.4 Lerntagebuch

L & A / SG

Moderne Lernmethoden erfordern eine erhebliche Kontrolle und Steuerung des eigenen Lernverhaltens. Dabei ist es gewinnbringend, wenn die Schüler einen guten Überblick über ihren eigenen Lernfortschritt erhalten, diesen reflektieren und dies auch dokumentieren. Das Lerntagebuch als Instrument der Selbstregulation bildet den Fortschritt des eigenen Lernens deutlich sichtbar ab.

 Selbstständigkeit und Eigenverantwortung stärken; Lernentwicklung dokumentieren

 60 Minuten (pro Woche)

 pro Schüler: 1 Heft, 1 vorbereiteter Reflexionsbogen pro Woche

Durchführung:

- Die Schüler erhalten ein Heft, in das sie wöchentlich einen Reflexionsbogen einkleben.
- Der Reflexionsbogen listet die Aufgaben auf, welche die Schüler in der laufenden Woche bearbeitet haben. Diese werden durch ein Symbol als erledigt gekennzeichnet.
- Das Herzstück bildet die Selbstreflexion, in der die Schüler beurteilen, wie leicht ihnen die Aufgaben gefallen sind und wie sicher sie diese schon beherrschen.
- Wichtig ist, dass die Schüler den Bogen völlig selbstständig ausfüllen und mit ihm arbeiten.

Hinweise / Stolperstellen:

- Herausfordernd ist die Anbahnung der Selbstreflexion. Dies kann am besten im angeleiteten Feedbackgespräch geschehen. Dazu sind regelmäßige, kurze Gesprächstermine notwendig.
- Zu Beginn fällt es den Lernern oft leichter, in Partnerarbeit zu einer Einschätzung der eigenen Leistung und des Lernstands zu kommen. Im Gespräch reflektieren sie ihre Empfindungen oftmals besser.
- Die Methode bietet sich an, wenn die Klasse mit der Wochenplanarbeit vertraut ist und diese ein fester Bestandteil des Unterrichts ist.

Variation:

- Das Lerntagebuch kann grundsätzlich in allen Fächern eingesetzt werden. Deshalb ist es wichtig, dass diese Methode sorgfältig eingeführt wird, um eine möglichst selbstständige Verwendung zu gewährleisten.
- Diese Methode kann auch sehr kleinschrittig bei Projektarbeiten eingesetzt werden, um die einzelnen Schritte genau zu verfolgen und zu reflektieren.

5.5 Hör gut zu! | BK/SG/L&A

Die Schüler erleben die Selektivität der Wahrnehmung und erfahren die Notwendigkeit des aktiven Zuhörens. Durch Bildbeschreibungen wird die Sprachkompetenz verbessert. Mithilfe der Methode reflektieren die Schüler, welche Faktoren Kommunikation positiv und negativ beeinflussen. Das Wissen über verbale und nonverbale Kommunikation hilft den Schülern vor allem bei Referaten.

 Selektivität der Wahrnehmung erfahren; aktives Zuhören; Sprachkompetenz durch Bildbeschreibungen fördern

 30 Minuten

 1 Bildvorlage, 2 beschriftete Stühle („Erzähler" und „Zuhörer"), ggf. Videokamera

Durchführung:

- Im Raum stehen zwei beschriftete Stühle, ein Erzähler- und ein Zuhörerstuhl.
- Bis auf einen Schüler und den Lehrer verlassen alle das Klassenzimmer. Der Klassensprecher sorgt vor der Tür für Ruhe und Ordnung.
- Der Lehrer zeigt dem Schüler ein Bild, das sich der Schüler gut einprägt.
- Die Beschreibung des Bildes soll nun verbal von Schüler zu Schüler weitergegeben werden. Der Erzähler darf bei der Beschreibung seine Hände nicht benutzen und der Zuhörer darf keine Rückfragen stellen.
- Die Schüler treten dazu einer nach dem anderen in das Klassenzimmer und nehmen auf dem Zuhörerstuhl Platz.
- Haben die Schüler die Bildbeschreibung des Erzählers verinnerlicht, wechseln sie selbst auf den Erzählerstuhl und geben die Bildbeschreibung mündlich an den nächsten Schüler weiter.
- Die Schüler, die schon im Raum sitzen, beobachten den weiteren Beschreibungsprozess.
- Der letzte Schüler hat die Aufgabe, das Bild anhand der Beschreibung an die Tafel zu malen.
- Anschließend wird das Originalbild dem Tafelbild gegenübergestellt. Beide Bilder werden stark voneinander abweichen. Je größer die Klasse, desto mehr Informationen über das Bild gehen verloren bzw. werden hinzugedichtet.
- Nun gilt es zu klären, warum die Bilder unterschiedlich sind.

Aufgabenbeispiel:

- Folgendes Bild könnte als Bildvorlage dienen:

Stolpersteine sind in diesem Fall die Details (u. a. lachende Sonne, trauriger König, Bild hängt am Nagel).

Hinweise / Stolperstellen:

- Die Anzahl an Details im Bild muss dem Sprachniveau der Schüler angepasst sein. Je mehr Details auf dem Bild zu sehen sind, desto mehr Zeit wird für die Beschreibung benötigt.
- Das Vokabular für Gegenstände, die auf dem Bild zu sehen sind, sollte den Schülern bekannt sein.
- Falls möglich, kann der Beschreibungsprozess gefilmt werden, sodass er anschließend im Detail ausgewertet werden kann. Gegenseitige Schuldzuweisungen der Schüler müssen hier unbedingt unterbunden werden. Das Kommunikationsproblem liegt gleichermaßen bei Erzähler und Zuhörer, wenn Informationen verloren gehen oder verfälscht werden.
- Der erste und der letzte Schüler sollten sich freiwillig melden.

Variation:

- Sprachlich schwächere Schüler dürfen beim Erzählen ihre Hände benutzen.
- Anstatt eines Bildes kann der Lehrer auch eine Geschichte vorlesen, die von Schüler zu Schüler weitergegeben wird.
- Die Klasse kann auch in zwei Gruppen eingeteilt werden. Gruppe 1 mit sprachlich schwächeren Schülern darf nachfragen, zusammenfassen und Details wiederholen. Gruppe 2 mit stärkeren Schülern darf dies nicht. Am Ende vergleichen sich beide Gruppen und diskutieren über ihre unterschiedlichen Erfahrungen.

5.6 Fünf-Finger-Reflexion — BK / SG

Am Ende eines Buchkapitels, einer Lerneinheit etc. ermöglicht die Fünf-Finger-Reflexion den Schülern, den eigenen Lernerfolg zu bewerten. Das Verknüpfen von Lerninhalten mit bekannten Gesten fällt DaZ-Schülern leicht und prägt sich besser ein als bloßes Auswendiglernen. Zudem werden den Schülern Möglichkeiten geboten, Zustimmung, Kritik sowie Veränderungsvorschläge kurz und prägnant zu formulieren.

 schnelle Rückmeldungen geben

 15 Minuten

 1 Folie

Durchführung:

- Jeder Schüler legt eine Hand auf ein Blatt, spreizt die Finger und fährt den Umriss der Hand mit einem Stift nach.
- Der Lehrer führt dies auf einer Folie durch.
- Auf der Folie werden gemeinsam jedem Finger ein oder mehrere Satzanfänge zugeordnet.
- Die Schüler übertragen die Satzanfänge auf ihr eigenes Blatt.
- Im Anschluss daran ergänzt jeder Schüler für sich die Satzanfänge und kann auf anschauliche Art positive und negative Kritik äußern. So erhält der Lehrer subjektive, aber differenzierte Informationen.
- Abschließend können die Ergebnisse im Plenum mündlich erläutert werden.

Aufgabenbeispiel:

- Beispiel für eine Fünf-Finger-Reflexion, nachdem ein Buchkapitel zu Ende gelesen wurde:

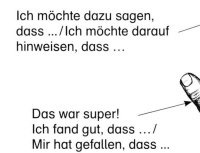

Ich möchte dazu sagen, dass ... / Ich möchte darauf hinweisen, dass ...

Gar nicht gefallen hat mir, dass ...

Ich bin zufrieden mit ... / Gut war, dass ... / ... liegt mir am Herzen.

Das war super! Ich fand gut, dass ... / Mir hat gefallen, dass ...

Mir ist zu kurz gekommen, dass ... / Zu wenig bearbeitet wurde ...

Bewerten und reflektieren

Hinweise / Stolperstellen:

- Die Fünf-Finger-Reflexion stellt eine unkonventionelle Alternative zu Evaluationsbögen dar.
- Um reine Ja/Nein-Antworten zu umgehen, empfiehlt es sich, offene W-Fragen zu stellen.
- Verwenden Sie die Methode nicht inflationär nach jeder Unterrichtsstunde, sondern besser nach größeren Einheiten, Kapiteln etc.
- Die Schüler sollen nicht nur rückmelden „Das war gut/schlecht.", sondern bei den kritischen Fingern auch Begründungen anführen oder gegebenenfalls eigene Lösungsvorschläge liefern. Nur so ist das Feedback aussagekräftig, worauf Unterrichtsprozesse entsprechend modifiziert und angepasst werden können.

Variation:

- Die Fünf-Finger-Reflexion kann auch rein schriftlich erfolgen. Die ausgefüllten Feedback-Bögen werden an der Tafel ausgehängt und verglichen. Schüler oder Lehrer fassen die Ergebnisse zusammen.
- Wird die Methode neu eingeführt oder hat man wenig Zeit zur Verfügung, kann ein Arbeitsblatt mit einer aufgedruckten Hand und den entsprechenden Satzanfängen an die Schüler ausgegeben werden. Je vertrauter die Schüler mit der Methode sind, desto freier können sie agieren und selbst Satzanfänge erarbeiten.

Beispiel für Kopiervorlage (blanko):

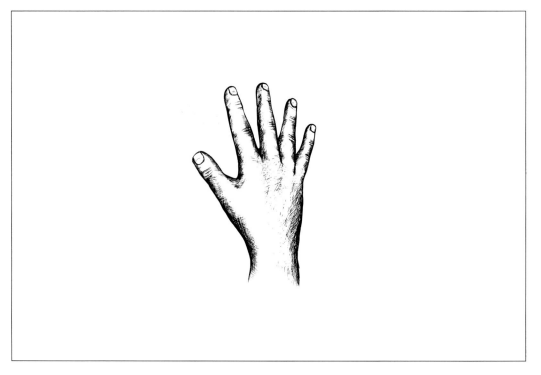